Karukéra

Francophone Cultures and Literatures

Michael G. Paulson and Tamara Alvarez-Detrell
General Editors

Vol. 9

PETER LANG
New York • Washington, D.C./Baltimore • Boston
Bern • Frankfurt am Main • Berlin • Vienna • Paris

Micheline Rice-Maximin

Karukéra

Présence littéraire
de la Guadeloupe

PETER LANG
New York • Washington, D.C./Baltimore • Boston
Bern • Frankfurt am Main • Berlin • Vienna • Paris

Library of Congress Cataloging-in-Publication Data

Karukéra: présence littéraire de la Guadeloupe/ Micheline Rice–Maximin.
p. cm. — (Francophone cultures and literatures; vol. 9)
Includes bibliographical references and index.
1. Guadeloupe literature (French)—History and criticism. 2. Guadeloupe
literature (French Creole)—History and criticism. 3. Race relations in literature.
4. Whites in literature. 5. Guadeloupe—In literature.
I. Rice-Maximin, Micheline P. II. Series.
PQ3940.5.K37 840.9'972976—dc20 95-36022
ISBN 0-8204-2696-2
ISSN 1077-0186

Die Deutsche Bibliothek-CIP-Einheitsaufnahme

Karukéra: présence littéraire de la Guadeloupe/
Micheline Rice-Maximin. –New York; Washington, D.C./Baltimore;
Boston; Bern; Frankfurt am Main; Berlin; Vienna; Paris: Lang.
(Francophone cultures and literatures; Vol. 9)
ISBN 0-8204-2696-2
NE: GT

The paper in this book meets the guidelines for permanence and durability
of the Committee on Production Guidelines for Book Longevity
of the Council of Library Resources.

© 1998 Peter Lang Publishing, Inc., New York

Printed in the United States of America.

Ba Granmèsinklod
Ba Siméa

Table des matières

Remerciements

J'aimerais exprimer ma gratitude à toutes celles et tous ceux qui m'ont aidée à un titre ou à un autre à la réalisation de ce travail sur la littérature de la Guadeloupe. Tout particulièrement, toute ma reconnaissance va à Kitzie McKinney, Daniel Maximin et Eileen Julien pour leur lecture du texte et notamment pour m'avoir fait profiter de leur conseils sur des points précis. Un merci spécial à Michel Dassonville qui participa à la première phase qui donna corps à ce projet. Mes recherches ont été favorisées par la collaboration du personnel des Archives d'Outre-Mer à Aix-en-Provence, le personnel des Archives Départementales de la Guadeloupe et tout particulièrement grâce à l'aide précieuse de Jean-Paul Hervieux, qui facilita les photocopies de nombreux documents. Un grand merci à Brown University, the American Council of Learned Societies, the National Endowment for the Humanities, Swarthmore College et tout particulièrement Hertha Flack-Monroe, pour leur générosité avec les bourses de recherche, de voyage et de sabbatique qui m'ont été attribuées. Mes remerciements à Heidi Burns, Lisa Dillon et aux lecteurs et éditeurs à Peter Lang Publishing Company, Inc. Un merci spécial à Mireille Tronel-Peyroz pour son travail sur le manuscrit. L'expression de toute ma gratitude va enfin à Karen Romer et Edward Rice-Maximin pour leurs commentaires judicieux et surtout pour leur très fidèle soutien et leur constant encouragement. Que chacun et chacune trouve ici le témoignage de leur dévouement.

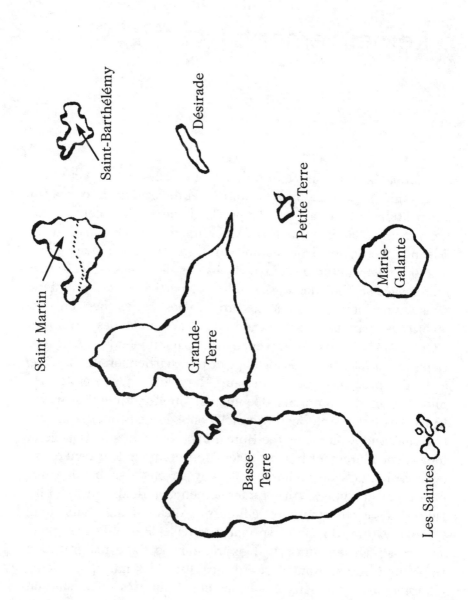

Introduction
Tim tim!

Karukéra, Présence littéraire de la Guadeloupe tente de situer l'origine d'un certain nombre de textes du corpus de la littérature guadeloupéenne dans la tradition marronne de l'histoire de l'île. S'il est vrai que la littérature antillo-guyanaise de langue française est l'une des composantes de la littérature française hexagonale, il n'en demeure pas moins que de par la spécificité de l'histoire-même de ces trois départements français d'Amérique, la Guadeloupe, la Guyane et la Martinique, leur littérature possède des caractéristiques originales dont le caractère caraïbéen est indéniable.[1] Cet essai parle aussi pour les littératures-sœurs de Guyane et Martinique, cependant ici nous avons choisi de nous concentrer sur certains auteurs dont l'œuvre a pour sujet l'archipel guadeloupéen composé des deux îles-ailes de la Guadeloupe, (Karukéra)[2] qui comprend la Basse-Terre et la Grande-Terre, de l'île de Marie-Galante, des îles des Saintes, de l'île de Saint-Barthélémy et de la partie française de l'île de Saint-Martin. Nous nous concentrerons entre autres sur certains textes

---

[1]   Ces terres françaises sont aussi appelées DOM, départements d'outre-mer.

[2]   Nom caraïbe originel de l'île et qui signifie "l'île aux belles eaux."

auteurs

de Dany Bébel-Gisler, Maryse Condé, Henri Corbin, Max Jeanne, Lucie Julia, Suzanne Lacascade, Michèle Lacrosil, Daniel Maximin, Ernest Moutoussamy, Paul Niger, Hector Poullet, Sonny Rupaire, André et Simone Schwarz-Bart, Guy Tirolien et Myriam Warner-Vieyra. Une véritable renaissance existe dans le monde littéraire antillais contemporain qui a produit ses propres fruits: contes, poèmes, récits, nouvelles, romans et pièces de tous genres se multiplient, venant s'ajouter aux œuvres orales (oraliture) et écrites (littérature) de l'île. De nombreux prix littéraires récompensent écrivains et écrivaines, tandis que leurs œuvres font de plus en plus l'objet de traductions en langues étrangères ou d'adaptations cinématographiques ou scéniques.

Tous ces textes de fiction s'interpellent à travers divers moments historiques certes, mais sans se trouver pour autant prisonniers ou de l'histoire ou de la fiction. Ils intéressent aussi de plus en plus la critique non seulement antillaise (dont Edouard Glissant, Jacky Dahomay, Roger Toumson, Patrick Chamoiseau, Laënnec Hurbon), mais aussi la critique nord-américaine et européenne. Souvent analysés dans le cadre de la critique et théorie contemporaines, certains des effets littéraires qui s'y trouvent sont quelquefois lus et compris comme surréalistes, post-modernes, ou comme phénomènes de mode employés dans le but de plaire à un certain lectorat friand de réalisme magique ou d'exotisme linguistique. Nous pensons tout particulièrement à certains jeux textuels ou clins d'oeil intertextuels, à certaines métaphores ou tournures linguistiques locales. Donc il existe d'autres lectures possibles et nous proposons d'ancrer ces textes dans une réalité locale et historique qui permet de faire ressortir et d'expliquer leur caractère hybride. L'histoire alterne souvent avec les cataclysmes naturels et humains ou d'autres événements répétés ou non et se trouve ainsi relativisée. Ce sont les efforts des populations pour la maîtriser et l'évaluer qui sont exprimés dans les discours comme dans la conscience et l'inconscient des personnages à travers toute une dimension symbolique bien antillaise. Mais avant tout, ces textes reflètent la spécificité des cultures et des populations antillaises qui vivent leur histoire de façon de plus en plus consciente depuis l'affirmation et la célébration de ses nombreuse résistances dans ces textes eux-mêmes. Car la société guadeloupéenne telle qu'elle existe aujourd'hui a été créée en dépit de la série d'interdits qui fut infligée au cours de l'histoire de l'île, partiellement racontée par le colon mais transmise quand même et redécouverte depuis ces dernières décennies. Il s'agit d'une société de la liberté et de la résistance, symbolisée en partie par les contes, le tambour et le lambi, comme nous le verrons.

Le patrimoine représenté par l'oraliture et la littérature guadeloupéennes est bien ce conservatoire des valeurs fondamentales dont parle Gusdorf et où on retrouve la fonction fantastique inhérente à l'imaginaire des artistes et de leur public.[3] Dans leur ensemble, les œuvres que nous allons considérer font revivre les acteurs et actrices des quatre siècles de combat des populations de couleur. Car aujourd'hui en Guadeloupe le désir existe de connaître le passé, ses origines et celles des modes de vie, dans un souci de réévaluation et de compréhension des conséquences de l'esclavage, de l'assimilation et de la départementalisation. Une volonté de plus en plus répandue de s'ancrer dans un discours guadeloupéen est à l'origine de ce désir d'enfin connaître ceux et celles qui ont effectivement participé aux grands moments décisifs de l'histoire guadeloupéenne, antillaise et donc française. La mémoire collective populaire est de plus en plus examinée, elle qui a été transmise par certaines figures primordiales dont celles du *conteur*, de la *grand-mère* et d'une certaine façon de l'*île* elle-même. Le conteur et la grand-mère demeurent pour les Antillais et les Antillaises descendantes d'Afrique les figures originelles de la mémoire collective familiale et culturelle.

Il existe donc une histoire, une culture et une littérature parallèles à et différentes de celles de la métropole dans la mesure où, tout comme la société guadeloupéenne, elles se sont créées contre la volonté du maître. C'est ce qui fait de cette littérature une littérature non pas de soumission à l'oppression mais au

---

[3]   Voir l'étude de Georges Gusdorf, *Mythe et métaphysique*, Paris Flammarion, 1984.

contraire une littérature de la liberté, de la résistance, de l'ouverture et de l'inclusion. Le lambi et le tambour dont nous avons parlé symbolisent aussi les héros et héroïnes de la résistance qui ont fait l'histoire, sont la matière de la tradition orale et désormais celle de la littérature.

C'est pour cela que dans cette étude, nous nous sommes laissés guider par certaines de ces figures qui ont souvent hanté l'enfance guadeloupéenne et hante encore la mémoire collective. Nous soulignerons leur présence chez ces écrivains et écrivaines qui s'inscrivent dans l'histoire littéraire de Karukéra qui remonte aux pétroglyphes[4] des ancêtres amérindiens et comprend aussi les nombreux textes des auteurs békés. Ces figures, telles celles du conteur et de la grand-mère, jouent un rôle important non seulement dans l'aventure littéraire des écrivains et écrivaines, mais aussi dans celle de la plupart des artistes, que ce soit dans le domaine de la peinture, de la musique, de la sculpture ou de la danse.

Toutefois, la lecture d'un texte quel qu'il soit implique toutes sortes de relations et de jeux entre auteur et lectrice par exemple. Ainsi en lectrice avertie, on comprend à demi-mot grâce à une sorte de complicité, due en partie à une expérience commune, qui s'établit et survit à la lecture. En lectrice non-avertie, on se retrouve dans un monde différent et un effort supplémentaire est alors nécessaire afin de pénétrer certains textes, de lire et comprendre l'autre dont la réalité est différente. Il peut ainsi exister un contexte distinct dans lequel les mots sont dotés de significations spéciales, comme lorsqu'on considère l'exotisme, et qu'il peut être assez difficile de faire croire à un certain public que l'on puisse être misérable sous le soleil.[5] D'autre part, des termes comme esclavage, torture, négrier, révolte, aliénation, marronnage, résistance, pris dans le contexte colonial et néo-colonial qui est ici le nôtre, sont dotés d'une résonance

---

[4]   Voir les roches gravées caraïbes du Parc Archéologique dans la région de Trois-Rivières en Guadeloupe.

[5]   Nous pensons aux mots de Camus: *"la misère m'empêcha de croire que tout est bien sous le soleil et dans l'histoire, le soleil m'apprit que l'Histoire n'est pas tout."*

historique et politique spécifique qui n'est pas toujours immédiatement perçue par une lectrice non-avertie.

Il est important pour nous dans le cadre de cette étude, de donner un poids, une épaisseur à ces grandes figures qui resteraient autrement des ombres, d'évoquer ces héros, héroïnes et victimes de l'Histoire "enfouie" de l'île, pour reprendre l'image de Dany Bébel-Gisler.[6] Elles forment donc le premier volet de notre étude, *l'écriture du passé* où dans un premier temps nous évoquons *le conteur et la grand-mère* dont le rôle dans la transmission du savoir a toujours sous-tendu révolte et résistance dans la mesure où sous l'esclavage leur savoir et leurs histoires représentaient la seule école accessible aux non-libres. Notons que nous allons surtout considérer le côté mythique du personnage de la grand-mère, de même que son rôle de gardienne de l'histoire et de certaines formes de savoir, tout en sachant bien que c'est une figure on ne peut plus complexe dans le paysage social et historique non seulement guadeloupéen mais caraïbéen. Son rôle d'ancêtre et sa positon ont en effet évolué depuis l'Afrique, pendant la traite et sur les plantations antillaises, de la même façon que certains personnages des contes et histoires d'Afrique. Cette évolution était nécessaire pour pouvoir affronter et contourner la violence du maître et sa volonté d'interdire tout savoir et toute éducation aux esclaves. La deuxième partie, *les arbres,* traite des personnages historiques *les Marrons:* le marronnage a été la réaction première de populations transplantées et asservies; ce fut une réaction collective et continuelle qui commença avec le premier arrivage de Bois d'Ebène dans l'île. *Delgrès et Ignace:* leur révolte fut collective et populaire; si elle échoua d'un point de vue militaire, leurs idées ne furent pas pour autant oubliées et la valeur de leur engagement demeure. *Solitude:* elle exprime la révolte individuelle, l'exemple d'une femme esclave qui s'enfuit pour se joindre aux Marrons dans la liberté. *Schœlcher:* avec lui c'est la résistance à l'esclavage chez le colonisateur; la révolte provient

---

[6]   *Léonora, l'histoire enfouie de la Guadeloupe,* Paris, Seghers, 1985, est le titre d'un récit de Dany Bébel-Gisler où Léonora, Guadeloupéenne raconte sa vie et ce faisant, la mémoire-même de l'île.

cette fois de la métropole et est l'acte d'un métropolitain abolitionniste. Toutes ces figures représentent bien les différentes facettes de la révolte et de la résistance, depuis le début de la colonisation. C'est en quelque sorte l'écriture du passé vu et raconté dans le prisme de la dialectique de la forêt et des arbres.

Avec le deuxième volet, nous abordons *l'écriture du paysage et de la femme* avec d'abord l'étude de la géographie de l'île, non seulement physique mais surtout sa géographie symbolique, psychologique, sociale et politique. L'île en tant que scène des événements est aussi participante active et particulière dans la mesure où ses nombreux clins d'œil complices témoignent de sa connivence dans l'histoire des populations. L'action de sa géographie en fait non un décor, mais un personnage à part entière des événements. Avec *L'écriture de la femme* nous soulignons le rôle prépondérant que cette dernière a eu dans l'histoire de l'île et sa place prédominante dans la vie littéraire actuelle. Le troisième volet considère *l'écriture de l'histoire*; comment cette histoire a été vécue, son évolution et la façon dont elle est reflétée dans les textes. Enfin nous terminons avec *l'histoire d'une écriture* où il est question du langage, des langues et de la façon dont écrivains et écrivaines en font leur "arme miraculeuse" de choix alliée à une symbolique locale qui donne bien souvent à leurs œuvres une texture métissée bien antillaise.

Première partie:

Rété kouté!
ou l'écriture du passé

Chapitre I
La Forêt

Je voudrais écrire une histoire de ce pays qui serait uniquement basée sur les souvenirs gardés au creux des mémoires, au creux des cœurs. Je voudrais (...) recueillir toutes ces paroles qu'on a jamais écoutées....

Maryse Condé

Dans l'imaginaire universel l'arbre symbolise l'individu généralement seul, mais une fois placé dans le sanctuaire qu'est la forêt, il fait partie de la collectivité, de la communauté. Les figures historiques, ces arbres de la liberté, que nous allons évoquer se tiennent dans la forêt du marronnage, donc dans la forêt de la résistance et sont les témoins du passé et la mémoire de l'histoire de l'île. Ils sont à la fois les acteurs et les écrivains de cette histoire. Par écriture du passé, nous entendons l'écriture de l'histoire de l'île telle que nous pouvons la voir inscrite non seulement dans les livres d'histoire ou les textes littéraires, mais aussi dans le paysage à travers la symbolique de la forêt et des arbres. Face à la tradition écrite, la forêt-sanctuaire représente dans ce contexte, les traditions orales qui ont été transmises par les ancêtres guadeloupéens et guadeloupéennes d'origines africaines, en particulier le conteur-tambourineur et la grand-mère, figures gardiennes du patrimoine africain aux Antilles et symboliques de l'enracinement et de la mémoire africaine des populations transplantées.

L'héritage qu'elles ont ainsi transmis au fil des générations et des siècles aura non seulement fourni une spiritualité culturelle, mais aussi contribué à la survie de tout un peuple courbé, mais jamais anéanti, sous le joug de l'esclavage. Grand-mère et conteur, figures généralement effacées dans l'histoire de l'île, ont forgé à leur façon, la cohésion de la communauté esclave sur les plantations et la forge encore, tant soit peu, dans leurs communautés. Car il est vrai que toute cette culture et mémoire orales ont de plus en plus tendance à disparaître avec, entre autres, l'impact de la télévision dans la vie moderne et les grands bouleversements survenus dans le mode de vie d'aujourd'hui. Les veillées où l'on dit les contes, pose les devinettes, raconte les histoires ou chante les chansons se font de plus en plus rares. Toutefois, depuis ces dernières années on assiste à une sorte de résurgence dans la volonté, de la population en général et des écrivains et écrivaines en particulier, de conserver et d'utiliser ce patrimoine de la mémoire collective et historique. Les contes et autres textes du patrimoine oral font écho non seulement aux roches gravées caraïbes, transmetteuses de l'héritage amérindien, premiers livres naturels guadeloupéens,[1] mais aussi aux traces et autres cris et messages laissés dans la nature et le paysage: dans les mornes, dans les tracées témoins des fuites marronnes, dans le volcan et l'explosion du Matouba symboles des luttes, des massacres et des résistances, dans les bois sacrés, refuges des Marrons, dans le Fort Delgrès et à Baimbridge, dans les plantations incendiées et empoisonnées pour la liberté et enfin dans la mer, éternel réceptacle des violences, des suicides, des nombreuses morts négrières bien avant l'ultime débarquement. Ainsi l'histoire du peuple guadeloupéen s'inscrit-elle dans un

---

[1] Il y eut une exposition "Présents caraïbes, 5000 ans d'histoire amérindienne," organisée au Fort Delgrès à Basse-Terre du 5 décembre 1993 au 28 février 1994.

continuum de terreur, de courage et de résistance où les voix ancêtres des Amérindiens se mêlent à celles des Africains et des Indiens d'Asie dans le concert des souffrances et révoltes vécues dans les nombreuses luttes pour la liberté. Conteur et grand-mère ont leur espace et leur temps privilégié mais vont tous deux faire passer l'histoire et les histoires dans le secret, la connivence et la discrétion de la nuit et du jour sans que le maître les comprenne vraiment. Ce sont eux qui ont transmis le lien avec l'Afrique, assurant ainsi la continuité culturelle avec le continent ancestral. C'est avec eux que la sauvegarde de la mémoire, de l'histoire, des archives en quelque sorte, a commencé en Afrique même, s'est poursuivie sur les bateaux négriers et dans leurs cales pendant la traversée traumatique, pour se développer en un véritable instrument de survie dans les îles, nouveaux lieux d'habitation forcés des Africains et Africaines transbordées pendant la traite. N'oublions pas que ces ancêtres, personnes à part entière, possédant jusque là chez elles statut social, métiers et professions, après la traversée se sont retrouvées dépourvues de leur humanité, dans la violence de la traite et l'esclavage perpétuée par les négriers et les maîtres. Cette dislocation causera certes une perte, partielle mais non totale, du sentiment d'identité avec la culture familiale et ethnique individuelle, perte due, entre autres, à celle du nom, de la langue, de la religion, des liens familiaux et aux autres traumatismes de la traite.

Le Conteur
● ● ● ● ● ● ●

> *Je préfère (...) écouter ce que dit dans la nuit*
> *la voix cassée d'un vieux qui raconte en*
> *fumant les histoires de Zamba et de compè*
> *Lapin et bien d'autres choses encore qui ne*
> *sont pas dans leurs livres.*
>
> Guy Tirolien

Sur les plantations, le conteur, souvent indissociable du tambourineur, était surtout ancré dans la société nocturne assumant ainsi une position majoritaire, tandis que la grand-mère, vivait davantage dans la sphère domestique et familiale. Le conteur-tambourineur, ce maître de la parole nocturne est aussi maître de la musique qui tient une grande place dans son art qui vient directement d'Afrique. L'un des lieux privilégiés de cette parole nocturne et sacrée était la plantation à l'heure où les esclaves pouvaient enfin jouir de la toute relative liberté de se retrouver entre eux, loin du regard direct du maître et quelque peu libres de s'exprimer, de vivre leur culture ce qui leur était interdit pendant le jour. Autres lieux, de cette parole, les mornes du marronnage ou tout autre endroit refuge des Marrons et Marronnes. En fait le conteur, qu'il soit "d'en-haut"ou "d'en-bas" pour reprendre l'expression de Simone Schwarz-Bart, est bien l'ancêtre de nos écrivains et écrivaines, lui qui use du silence et de la sécurité de la nuit pour dire l'histoire, tandis que l'écrivain et l'écrivaine peuvent librement choisir leur lieu et moment de silence créateur pour faire passer leur parole dans l'écrit. La musique, la danse et une certaine rythmique font toujours partie de l'art du conteur-tambourineur qui sans cesse dialogue avec son public, que ce soit par les cric-crac ou les commentaires et questions émanant de l'auditoire. Le conteur c'est une partie de la mémoire et de l'histoire enregistrées et représentées devant ceux et celles qui étaient exclues de la mémoire et de l'histoire officielles. Le conteur a ainsi passé la parole aux écrivains d'aujourd'hui qui ne cessent de se ressourcer à son héritage.

La Grand-mère

• • • • • • • • •

> *Les contes étaient disposés en elle comme les*
> *pages d'un livre...*
>
> Simone Schwarz-Bart

La grand-mère aussi porte en elle la mémoire commune,
racontée sur les plantations comme sur les mornes du
marronnage, et aujourd'hui encore elle conte ces contes, dit ces
comptines, lance ces devinettes, chante ces chansons qui ont
bercé et bercent souvent encore l'enfance antillaise. La grand-
mère était donc bien la première maîtresse, le premier livre de
littérature, celle qui à sa manière a toujours veillé à l'éducation,
l'instruction, les distractions, tout en transmettant l'héritage
d'Afrique quelque peu transformé sous l'esclavage. En effet, sur
les plantations elle était la source principale du savoir ainsi
divulgué, bien souvent à l'insu même du maître. C'est la grand-
mère, et donc les femmes en général, qui de façon anonyme bien
souvent a effectué ce travail de passation du savoir et de la
culture. C'est elle la responsable principale de la transmission de
l'histoire, d'où l'importance de ces paroles rituelles, secrètes,
sacrées et vitales, de ces "paroles de femmes" d'aujourd'hui.[2]
Dans la littérature guadeloupéenne contemporaine la grand-mère
occupe une place très importante, semblable à celle qu'elle a dans
la vie des enfants antillais. En effet elle représente une des formes
d'éducation qu'elle donne en toute discrétion à ceux et celles
qu'elle éclaire de son savoir et sa sagesse. Elle la leur transmet par
les histoires qu'elle aussi raconte, comme par son enseignement

---

[2]   Nous reprenons le titre évocateur de l'ouvrage de Maryse Condé, "La
Paroles des femmes."

plus systématique, comme quand il s'agit de la reconnaissance des plantes médicinales ou d'autres fonctions importantes pour le bien-être ou la survie du groupe.[3] Très souvent elle est celle qui se sacrifie pour l'éducation des siens, toujours prête à travailler, souvent en tant que domestique ou dans les champs de cannes, pour aider à payer les frais d'éducation. Mais la grand-mère a aussi un autre rôle, à savoir face au conteur-tambourineur, où elle est la femme, la danseuse, qui répond à la musique dans un dialogue à la fois improvisé et codé. C'est là un autre moment de vie, plus plaisant. Lorsque l'on considère ses différents rôles, on voit bien comment elle arrive à symboliser toutes les femmes et surtout toutes celles qui n'ont pas hésité à participer aux diverses luttes qui ont mené à la liberté et l'émancipation du peuple, grâce aux rôles, petits ou grands qu'elles y ont pu jouer. Nous devons noter que de plus en plus de textes rendent hommage à ces nombreuses femmes dont le rôle était jusqu'ici resté à l'arrière plan.

La tradition orale telle qu'elle existait dans le passé s'est peu à peu transformée avec l'abolition, l'émancipation et surtout avec la politique d'assimilation aux Antilles, et plus récemment avec les demandes de la vie moderne. A l'époque, l'objectif des nouveaux libres était de pouvoir se fondre dans le moule métropolitain, de devenir français à tout prix. C'est ainsi que de nombreuses coutumes locales ont dû faire une place plus ou moins grande à la culture importée de France. Cependant si on constate une diminution des contes et de l'oraliture en général, le relais a été pris par la naissance et le développement de la littérature des Antillais de couleur. Ecrivains et écrivaines vont s'inspirer de l'oraliture, l'inclure dans leurs textes, consolider et créer d'autres mythes, d'origines le plus souvent, où le spirituel occupe une grande place. On distingue de nombreux faits historiques, eux aussi transposés de façon personnelle et véritablement transcendés par ces écrivains et écrivaines qui mettent ainsi l'oraliture au service de leur créativité. C'est ainsi que l'on retrouve souvent l'alliance du conte et de l'éducation, du

---

[3]   Voir entre autres le rôle joué par cette figure dans les textes de Maryse Condé, Daniel Maximin, Simone Schwarz-Bart, Myriam Warner-Vieyra.

conte et de l'édification en général, du conte et de la politique, du conte et de la révolte toujours présente dans ces textes contemporains dont l'un des objectifs est aussi de récrire l'histoire de l'île. De même qu'aux Antilles la musique est indissociable de la danse, on peut dire ici que ce même rapport se retrouve dans le couple conteur-grand-mère dans un mouvement de complémentarité et d'unité de leur fonction nocturne et diurne, comme la nuit succède au jour dans l'île.

Chapitre II
Les Arbres

Delgrès
Ignace
Massoteau
Solitude
Ces noms déchirent comme des boucans la
nuit coloniale et la Guadeloupe par mon
poème leur élève un monument ainsi qu'à ses
enfants les marrons inconnus tombés pour
elle.

Max Jeanne

L'écriture du passé se retrouve dans la forêt littéraire (orale puis écrite) qui abrite les arbres de la flore locale, les héros et héroïnes qui habitent les textes de fiction. Dans cette partie nous allons les considérer dans la mesure où la vie imaginaire qui leur est donnée reflète aussi une certaine réalité historique. Nous nous arrêterons devant quelques arbres du passé qui ont fortement marqué l'histoire de l'île à leur façon. Nous pensons surtout aux

Marrons, à Ignace et Delgrès, à Solitude, à Schœlcher, figures qui reviennent chez de nombreux écrivains guadeloupéens.[1]

Lorsque l'on considère la littérature guadeloupéenne contemporaine et tout particulièrement celle écrite par les descendants des populations africaines, ce qui frappe peut-être le plus, c'est le retour constant d'un certain nombre d'événements ou de thèmes dans ces œuvres. Les personnages et événements se rattachent tous à une fresque historico-sociale qui a pour arrière-plan la colonisation française de l'île, les diverses occupations qu'elle a subies et les conséquences de ces dernières: le massacre des populations indiennes, la traite, l'esclavage, l'assimilation, la départementalisation et simultanément à tout cela, la résistance sous ses multiples formes: marronnage, suicides, attentats, incendies, mutilations, empoisonnements, soulèvements, révoltes.

Cette résistance continuelle engendra un certain nombre de figures, considérées comme héroïques ou non selon le moment où l'on se place. Parmi les héroïnes et héros caraïbes, africains, antillais, colons défenseurs des esclaves, citons: Kalinago, Anacaona, les Marrons, Makandal, Boukman, Solitude, Rose, Delgrès, Ignace, Massoteau, Toussaint Louverture, Schœlcher, les héros et héroïnes de l'Insurrection du Sud en Martinique et tous ceux et toutes celles restées anonymes. D'un autre côté, citons Pélage, Richepance, Napoléon, Victor Hughes, Leclerc, Sorin, figures qui d'un point de vue historique, occupent la place de l'oppresseur dans la mémoire collective de la population de couleur, à cause du rôle qu'elles ont joué dans leur alliance avec les esclavagistes. Tous et toutes la hantent et sont devenues petit à petit, les points de repère vitaux qui inspirent ou auxquels se réfèrent non seulement la plupart des écrivains et écrivaines, mais aussi et dans une certaine mesure, la population antillaise elle-même. D'où l'importance des passés, du plus éloigné au plus récent, et de ces figures, plus ou moins familières qui, presque toutes à l'exception de Schœlcher et de Richepance, ont été soigneusement et pendant trop longtemps, oblitérées et ignorées

---

[1]   Ces figures se retrouvent aussi chez les auteurs martiniquais et guyanais tels que Aimé Césaire ou Edouard Glissant.

par l'histoire officielle et métropolitaine, comme l'ont été aussi les religions des esclaves ou l'histoire véritable de l'île et de sa population. Cette oblitération a été l'instrument et l'arme du pouvoir en place pour la conservation d'un système totalement inhumain dans sa violence comme dans son arbitraire. Au départ, il y eut la séparation des ethnies, la déshumanisation des populations africaines déportées, l'imposition de la religion catholique, faits qui n'ont pas manqué de contribuer dans une grande mesure au refoulement des mythes et du passé des populations ainsi asservies. Il faut aussi noter les conséquences que cela entraînera sur l'histoire-même de l'île. La communication entre membres de mêmes groupes ethniques était quasiment coupée dès l'arrivée sur l'île, par la séparation causée par la vente des membres de la même famille ou de la même ethnie à des maîtres différents, il restait bien l'usage du tambour qui fut lui aussi interdit par les maîtres lorsqu'ils se rendirent compte de la puissance de ce moyen de communication, qu'eux ne maîtrisaient pas. Mais en dépit des interdits, le tambour résista ainsi que la conque à lambi et aujourd'hui encore, tambours et conques[2] sont toujours là.

Toutes ces héroïnes et tous ces héros contribuèrent, avec l'aide même de la population, à la sauver et la libérer du joug du colon ou de l'oppresseur et ont de ce fait représenté un danger pour la classe des colons à un moment ou à un autre. C'est en cela que ces personnages représentent les ancêtres de l'imaginaire littéraire et incarnent les mythes d'origine et historiques des populations, dans la mesure où ils vont ou bien se substituer à l'histoire ou bien pénétrer l'imaginaire collectif. Ils sont donc au carrefour de l'origine des mythes fondateurs des populations, ceux, nouveaux, causés par et nés de la traite sur la terre guadeloupéenne, ceux qui aujourd'hui peuvent être dits et racontés en même temps que les contes traditionnels de l'enfance et originaires des terres françaises et africaines. Ces derniers ont cependant subi bien des transformations dues au traumatisme de

---

[2]   La conque à lambi est restée l'un des symboles des Marrons et de la
       liberté.

la traite[3] et n'ont cessé d'alimenter les nombreuses luttes pour la liberté qui jonchent l'histoire des îles, tel que le mythe du retour en Afrique et de la liberté retrouvée, même dans la mort. Les Marrons, Delgrès, Ignace, Solitude sont ces figures primordiales de l'imaginaire après avoir été les acteurs et actrices de la réalité historique de la vie dans ou hors de l'esclavage. Ces figures, véritable leitmotiv des textes de fiction guadeloupéens, subissent des fluctuations selon que leurs images se trouvent plus ou moins rejetées ou célébrées dans la mesure où le passé est relu ou non avec les yeux du présent.

Nous présentons ici une archéologie ancestrale, l'arbre de la généalogie fictionnelle où les artistes puisent tantôt une inspiration, tantôt une énergie ou communauté de vision qui fait la matière de leurs textes. Ces figures diverses et multiples à la fois, sont restées jusqu'à récemment plutôt inconnues, quelquefois même consciemment oubliées, mais elles sont aujourd'hui devenues nécessaires pour toute compréhension de la société guadeloupéenne contemporaine. Nous notons de temps à autre dans cette généalogie d'importantes ruptures dues aux conditions sociales et politiques, tel que le rétablissement de l'esclavage par Napoléon ou encore la Dissidence et l'*An tan Sorin*. Les figures choisies ici nous permettent d'établir des références socio-culturelles extérieures à la littérature, tout en soulignant la façon dont les écrivains et écrivaines les construisent ou reconstruisent.

Et si aujourd'hui l'action des ancêtres hante davantage la mémoire, c'est grâce au travail de désenfouissement du passé effectué non seulement par les historiens et historiennes, mais surtout par les nombreux artistes (romanciers et romancières, poètes et dramaturges, peintres et musiciens), travail d'autant plus important pour le public, qu'il aide à comprendre le présent et la situation actuelle des Antilles. La violence, la répression, les nombreux sacrifices, les trahisons, ont été refoulées dans la mémoire collective, particulièrement après 1848. L'accès à la citoyenneté, l'euphorie qui s'en suivit, le désir d'oublier tout ce

---

[3]   Sur les transformations subies par les contes, voir le travail d'Ina Césaire sur l'origine africaine des contes antillais.

qui pouvait rappeler les humiliations et les souffrances du passé
ont contribué à un certain degré d'amnésie individuelle et
collective dans la mémoire populaire. Cet état d'esprit a
engendré des situations et des actes on ne peut plus étonnants:
observons par exemple les noms de rues ou de places dans les
villes et les communes de l'île jusqu'à une époque assez récente.
A part Schœlcher, c'était le nom de ceux qui précisément ont
œuvré pour le rétablissement de l'esclavage, ont lutté contre les
esclaves et les Marrons, bref les ennemis de celles et ceux qui
luttaient pour leur liberté. Si Napoléon peut être glorifié d'un
point de vue métropolitain pour ces nombreuses campagnes et
conquêtes, il n'en est pas de même aux Antilles où ses actions ont
eu les conséquences que nous avons vues entre 1794 et 1802 et
bien au delà de cette période. La situation a beaucoup changé et
par exemple, c'est en juillet 1989 que le Conseil Général de la
Guadeloupe décide que le Fort Saint-Charles, ex. Fort
Richepance, prendra le nom de Fort Louis Delgrès. Un travail
systématique se fait pour nommer, renommer et conserver non
seulement les ancêtres mais aussi les hauts lieux de sacrifices et
de la mémoire tragique des anciens esclaves et nouveaux libres. Il
y a aujourd'hui une conscience plus aiguë du patrimoine avec la
reconversion d'anciennes demeures, d'usines ou d'ateliers en
musées qui permettent de reconstituer la vie telle qu'elle pouvait
être sur les plantations pour les esclaves aussi.

Ces figures, locales et d'ailleurs, qu'elles aient ou non
collaboré avec l'ennemi, ont toutes contribué à travers leurs
différentes actions à replacer dans la mémoire collective le sens
d'une certaine dignité, peut-être plus évidente chez les Marrons
et quelquefois moins visible chez les esclaves.[4] C'est dans leur
action, dans leur engagement, dans leur mort pour une idée, que
ces personnages ont réalisé leur liberté. Ces actes, symboliques

---

[4]   Sur le thème de la collaboration, voir la pièce de Lucie Julia, récemment
      publiée, *Jean-Louis, un nègre pièce d'Inde*, Paris, Les Editions de
      l'Amandier, 1994, et qui met en scène Jean-Louis, esclave de Sainte-Anne,
      qui lutta pour la "liberté générale" tandis que Raymond, trahira ses
      compagnons croyant pouvoir obtenir sa "liberté savane" en récompense
      pour sa dénonciation.

de leur prise de conscience montrent l'intime connaissance qu'ils avaient des droits universels comme ils devaient être appliqués aux esclaves. Les actions de ceux qui ne défendaient pas la cause de l'émancipation elles aussi témoignent de la complexité de la situation, de la confusion aussi qui pouvait régner dans les rangs des esclaves et anciens esclaves qui, du jour au lendemain, se retrouvaient dans les rangs des armées dont certains chefs métis eux-mêmes n'ont pas hésité à trahir les insurgés pour leur propre gloriole ou par opportunisme. Ainsi la collaboration de Pélage avec Richepance en 1802 et sa trahison font d'autant plus ressortir l'héroïsme et le sacrifice des autres acteurs et actrices de cette période tragique et épique à la fois. De même la vision de Schœlcher qui s'est penché sur la question philosophique de l'esclavage et de la liberté ne doit pas être négligée mais plutôt replacée elle aussi dans son contexte historique.

Mais pourquoi, ces différentes figures historiques, Solitude, Delgrès, Ignace, dont on peut dire qu'elles participent toutes de la philosophie marronne, sont-elles reconnues et glorifiées précisément aujourd'hui? Il faut bien reconnaître que les regards sont loin d'être uniquement tournés vers le passé distant et les héros et héroïnes d'aujourd'hui sont là pour en témoigner: ceux des luttes de 1967–1968, des années 1970, comme de ces dernières années. Pourquoi cette résurgence d'anciennes figures héroïques? Toutes, à l'exception de Schœlcher, sont enracinées dans une réalité locale guadeloupéenne, antillaise et qui les différencie des autres types héroïques tels qu'un Jaurès, un N'krumah ou tout autre senti comme étranger au sol antillais, bien que présenté eux aussi comme pouvant servir de modèles. Solitude, Delgrès ou Ignace font partie d'une réalité antillaise commune. Ils peuvent de la sorte devenir les héros et héroïnes choisies dans une Guadeloupe où à l'heure actuelle on assiste à une opposition à l'hégémonie des valeurs culturelles françaises. Cette lutte intimement liée à la culture et au pouvoir dans la société capitaliste, est d'une grande importance. Il se produit un phénomène de démythification et de démystification dans lequel le fait de partager ces valeurs signifie qu'on participe aussi à l'oppression, d'où une certaine prise de conscience collective.

Par exemple Delgrès, représenterait plutôt le révolutionnaire pré-moderne à qui il manqua peut-être un sens de l'idéologie politique, lui qui était avant tout un militaire. En fait il ne semble guère être le modèle approprié pour l'époque contemporaine aux Antilles où bon nombre d'Antillais semblent davantage imiter Pélage, qui, comme le fait remarquer l'historien Lucien-René Abenon, "était un légaliste qui se refusait à un pouvoir révolutionnaire; patriote sans doute attaché à la France, il se refusait à rompre avec elle."[5] Ainsi l'action héroïque de Delgrès symboliserait plus le héros romantique. Finalement le traitement de toutes ces figures libératrices dans l'imagination créatrice des écrivains et écrivaines correspond bien aujourd'hui à une attente des lectrices et lecteurs guadeloupéens. Il rejoint en cela un désir bien concret pour ces figures vraies et littéraires, véritables tremplins pour la prise de conscience d'une population, pour l'affirmation de la présence d'un peuple ou encore la construction d'une mémoire collective et de nouveaux mythes d'origines.

---

[5] *Petite histoire de la Guadeloupe,* Lucien-René Abénon, Paris, L'Harmattan, 1992, p. 95.

Les Marrons
• • • • • •

> *Le Nègre marron est le seul vrai héros populaire des Antilles.*
>
> Edouard Glissant

Le terme "Marron" désigne les Africaines et Africains déportés pendant la traite qui une fois sur l'île prenaient la fuite ainsi que les esclaves Guadeloupéennes et Guadeloupéens qui s'enfuyaient de la plantation pour vivre en liberté. En fait, le marronnage, corollaire de l'esclavage, a toujours existé sous des formes et à des degrés différents dès les premières captures d'esclaves lors des razzias sur le continent africain lui-même. C'était, pour les victimes, une réaction quasi instinctive à un état de captivité totalement nouveau pour les membres des différentes ethnies africaines. Dès leur capture et leur achat, ils se trouvent sous la puissance absolue de maîtres, ne s'appartiennent plus et sont considérés comme simples objets d'échange du marché de la traite et du commerce triangulaire, pour enfin devenir propriété de leurs maîtres et maîtresses. Quand ils ne réussissent pas à s'échapper sur le continent même, ils essaient de le faire sur le bateau négrier qui les transporte à l'autre bord, en se jetant à la mer, préférant plutôt la mort que l'esclavage. Il n'est pas étonnant qu'une fois débarqués et vendus dans un monde inconnu, des captifs aient choisi le marronnage comme une véritable réaction viscérale, face à la violence et la sauvagerie des trafiquants, vendeurs et acheteurs d'esclaves.

Dans la situation de dépendance vis-à-vis du maître où il se retrouve, il faut noter que pour l'esclave cette maîtrise du maître bien que trop réelle, en réalité est fausse, puisqu'il dépend de l'esclave et a besoin de lui. En effet l'esclave travaille et sert le maître qui consomme sa force de travail et jouit de son labeur.

L'esclave est celui qui est forcé de s'attacher à la vie, à la matière, plus qu'à son honneur ou à sa liberté. C'est ainsi qu'il tremble sous le maître et éprouve vraiment que son existence n'est pas assurée pour lui qui vit constamment l'angoisse de l'esclavage et de la mort. Pour le Marron, par contre, c'est par le travail qu'il prend conscience de son pouvoir et se crée une puissance propre dans une relative autonomie. C'est ainsi que le cri "la liberté ou la mort" des Révolutionnaires qui fut aussi celui de Delgrès et de ses compagnons au Matouba, a toujours été celui des Marrons. Ce cri atteste de l'héroïsme du Marron, certes, et en fait un être à la fois respecté et craint, isolé et persécuté.

Les Marrons occupent une grande place dans la littérature guadeloupéenne et comme le dit Edouard Glissant:

> Le Nègre marron est le seul vrai héros populaire des Antilles, dont les effroyables supplices qui marquaient sa capture donnent la mesure du courage et de la détermination. Il y a là un exemple incontestable d'opposition systématique, de refus total.[6]

Le marronnage est bien une opposition, un refus et c'est en cela que le Marron, parfois Africain lui aussi, s'oppose tout de même aux Africains-esclaves (fraîchement débarqués d'Afrique) ou à ceux "faits au pays," selon l'expression consacrée, qui ont dû se résigner à la servitude. Le Marron est le rebelle qui lutte pour sa liberté. Ne reconnaissant pas l'autorité d'un maître, il met tout en œuvre pour échapper au travail forcé, pour ne pas être un objet soumis à la volonté d'un tiers. Le Marron est celui qui reprend en main sa destinée, au mépris du lendemain. C'est en cela qu'il diffère de l'esclave resté sur la plantation. Toutefois l'opposition marron/esclave n'est pas absolue car ce dernier n'a pas choisi la condition où il se trouve. En réalité, il existait une alliance dialectique entre ceux de l'extérieur et ceux de l'intérieur. La soif de marronnage était quasi générale, la possibilité de le faire restant cependant très réduite, surtout dans les petites Antilles.

Les Marrons sont souvent associés à l'Afrique, "aux" Afrique, devrions-nous dire pour mieux dépeindre la complexité de la

---

[6]   Edouard Glissant, *Le Discours antillais*, Paris, Seuil, 1981, p. 104. Toutefois les esclaves qui restaient sur les plantations eux-aussi résistaient sur place avec toutes sortes de stratégies internes.

situation. Il sont souvent vus comme ceux qui viennent directement de l'Afrique mythique et glorieuse, du pays des ancêtres libres, de l'Afrique mère biologique des populations noires, c'est-à-dire la Grande Afrique. Mais aussi l'Afrique "sauvage", "primitive" et ce au sens négatif qui a pu être attribué à ces termes pendant toute une époque. C'est l'Afrique des "Congo" et "Moudongue", termes utilisés jusqu'à très récemment encore comme des insultes pour désigner les non-*civilisés* et non-*assimilés* à la culture française.

Mais le Marron chanté et loué dans les textes de fiction est celui qui dès le départ a fait partie en quelque sorte d'une "élite humaine." Dans *Ti-Jean l'Horizon* de Simone Schwarz-Bart, où le héros fait le voyage triangulaire mais en sens inverse cette fois, pour se retrouver à la fin, heureux dans sa Guadeloupe natale, les Marrons, qu'on appelle les gens d'En-Haut:

> s'estimaient supérieurs à tout l'univers, car descendants en droite ligne des esclaves qui s'étaient révoltés autrefois, avaient vécu et étaient morts les armes à la main, bien souvent sur les lieux mêmes où s'élevaient aujourd'hui leurs cases délabrées....[7]

Sous l'esclavage, le Marron était donc cet être exceptionnel qui refusait le travail servile et la soumission imposée à l'esclave. Il existait toutefois une opposition culturelle entre les deux groupes d'esclaves: l'Africain, nouvellement débarqué est désorienté par ce contact brutal avec des activités qui ne lui sont pas familières et ressentait une nostalgie du lieu d'où il avait été brutalement arraché. Ce sentiment ne devait pas exister aussi intensément chez l'esclave fait au pays, déjà accoutumé à l'esclavage et chez qui le sentiment de désarroi devant son exploitation n'existait certainement plus au même degré. Cependant même dans ce dernier groupe, lorsque certaines conditions se trouvaient réunies, il y avait aussi de nombreux départs en marronnage car l'esclave ressentait très violemment la soif de liberté et la nostalgie de son existence antérieure dans la liberté.

---

[7]　Simone Schwarz-Bart, *Ti-Jean l'Horizon*, Paris, Seuil, 1979, p. 14.

Quelles étaient certaines des causes du marronnage? A la violence à la fois physique et mentale de l'esclavage, le Marron répondait en fuyant les abus, tels que les mauvais traitements, les châtiments corporels, la famine causée par la diminution ou la suppression des rations. Autant de raisons qui incitaient les esclaves à partir en marronnage. Sur les plantations où l'absentéisme des maîtres était souvent de rigueur, la sévérité des gérants et l'arbitraire des représentants du maître en général causaient aussi des départs, de même que le refus des esclaves de changer de maîtres. Les désertions se faisaient souvent en masse, sorte de "marronnage-grève" comme le dit Yves Debbasch, ce qui, dans la plupart des cas, forçait le maître à reconsidérer sa décision. Lorsqu'il y avait empoisonnement ou tentative d'empoisonnement sur la plantation, occurrence assez fréquente, tous les esclaves étaient alors soumis à des enquêtes pour découvrir les coupables, ce qui avait très souvent pour conséquence le marronnage collectif du groupe. Le marronnage représentait une sorte de défense légitime et instinctive dans le système contre-nature qu'était l'esclavage. Ainsi écoutons la conversation entre le poète Nicolas-Germain Léonard, partisan de la libération des esclaves et un des colons, extraite du "Cahier de Jonathan" dans *L'Isolé soleil*. Il était question d'augmenter le nombre des esclaves:

> ... parce qu'il finissait par y avoir plus de disparitions d'esclaves que de naissances, avec les maladies, la mauvaise nourriture, les sévices et les tortures très répandues comme le boucanage, la cire fondue, les chiens, le garrot, la chaux vive, l'enterrement vif et aussi les suicides nombreux, l'étouffement des nouveaux nés par les mères réfractaires, engrossées de force, les empoisonnements collectifs pour s'arracher à l'esclavage par l'amitié de la mort.[8]

Aux causes matérielles et physiques qui poussent au marronnage, s'ajoutent les causes philosophiques, tel le désir de liberté. Ainsi Jonathan, l'un des jumeaux de *Miss Béa* dans *L'Isolé soleil*, décide de passer de la condition d'affranchi à celle de Nègre-Marron et va rejoindre le groupe des Nègres-Marrons de la Digue à Thomas sur les hauteurs de Sainte-Rose, à la Petite

---

[8]   Daniel Maximin, *L'Isolé soleil*, Paris, Seuil, 1981, p. 40.

Guinée, nom qui déjà reflète bien le désir de retour à l'Afrique de cette communauté de libres. Il passe ainsi de la soumission à la révolte et écrit à son frère jumeau Georges:

> Les Nègres libres sont en danger par leur liberté, tant qu'ils restent prisonniers de la mort ou du temps. Or la durée et la mort sont nos plus proches amies, puisqu'elles nous ont arrachés jusqu'ici à l'esclavage; et il nous faudra apprendre à échapper à leur fascination (...) Je te livre ces pensées éparses, et je pense que les Nègres-marrons devront s'unir aux Nègres affranchis pour défendre notre liberté, car le marronnage est notre seule expérience de liberté conquise par la fraternité.[9]

Le marronnage représente ainsi l'autre côté de l'esclavage et la prise de conscience même de l'esclave. Au départ, et surtout pour le nègre bossal, la détribalisation brutale à laquelle il est soumis le rend comme fou de liberté et le mène au marronnage, seule issue possible lorsqu'il ne se suicide pas, la mort étant aussi une façon de retourner au pays d'où il a été arraché. Comme le note Glissant, "la première pulsion d'une population transplantée, qui n'est pas sûre de maintenir au lieu de son transbord l'ancien ordre de ses valeurs, est le Retour. (...) Revenir c'est consacrer la permanence, la non-relation."[10]

Dans la plupart des textes considérés, le Marron représente l'archétype du révolté, en quête de sa liberté volée et dont il rêve. Le marronnage satisfait une partie de sa quête d'un ailleurs qu'il sait lui appartenir et qu'il sait aussi meilleur que la condition de subjugué qui est la sienne. Au départ donc, le Marron est un être isolé de son pays, de sa tribu d'origine, mais aussi de certains de ses compatriotes esclaves qui, ou bien n'ont pas la même vision que lui, ou bien n'ont pas eu la possibilité de fuir. Ainsi la décision de partir en marronnage représentait généralement un acte conscient, politique et révolutionnaire pour certains ou une nécessité de survie, en dépit des conséquences. Le Marron n'est pas seulement un révolté qui dénonce et refuse sa condition: il s'échappe pour vivre ou bâtir autre chose, une nouvelle société et agit de façon positive et créatrice. Quelque peu différente de la

---

[9]   *L'Isolé*, pp. 43-45.
[10]   *Le Discours antillais*, p. 30.

morale aristocratique qui naît, selon Nietzsche "d'un oui triomphant adressé à soi-même," la morale du Marron dit aussi "non" à un "dehors," à un "autre," à un "différent-de-soi-même," et *ce* non est son acte créateur."[11]

D'autre part, certains Marrons avaient aussi des pouvoirs ignorés de ceux d'"En-Bas" car leur science venait en droite ligne d'Afrique et le coup lancé était imparable, sans appel."[12] C'est une autre raison pour laquelle les gens d'En-Bas craignaient et gardaient leur distance à l'égard de ceux d'En-Haut. Ainsi *Miss Béa*, douée de ce qu'on appelle pouvoirs magiques, possédait cette science ancestrale d'Afrique. La déesse des ventres de mère, Woyengi, lui avait accordé le don de vision et de guérison, mais elle ne devait avoir "ni pouvoir, ni richesse, ni enfant." Et lorsqu'elle accoucha de ses jumeaux Georges et Jonathan, elle savait "qu'ils n'allaient vivre chacun que la moitié de leur vie et qu'ils mourraient sans pouvoir ni richesse dans la forêt de la boue."[13]

Cette fonction de "quimboiseur" ou "guérisseur" exercée par certains Marrons leur venait des coutumes africaines ancestrales transmises avant et conservées pendant la traite. Le quimboiseur ou la quimboiseuse, personnage complexe, soigne et guérit spirituellement par les herbes et sa science des pratiques africaines. D'où aussi l'importance de la forêt que Glissant qualifie de "primordiale" et qui, selon lui:

> s'oppose en participant. Elle est la chaleur primitive. La vaincre est l'objectif, être vaincu par elle est le vrai sujet (...) la forêt du marronnage fut ainsi le premier obstacle que l'esclave en fuite opposait à la *transparence* du colon. Il n'y a pas de chemin évident, pas de *ligne*, dans ce tracé touffu. On y tourne sans transparence jusqu'à la souche première.[14]

---

[11]   Friedrich Nietzsche, *La Généalogie de la morale,* Paris, Gallimard, 1964, p. 40.

[12]   *Ti-Jean l'Horizon,* p. 16.

[13]   *L'Isolé soleil,* p. 37.

[14]   *Le Discours antillais,* p. 150.

Il existe une forte identification au sol, au pays, à la terre et aux éléments: forêt, eau, feu d'où l'importance du volcan près duquel vivaient aussi les Marrons.

En effet, les Marrons sont appelés, dans la tradition socio-culturelle comme dans la littérature, les "Nègres-volcans" habitant une "petite Guinée inviolée."[15] L'un des moments hautement symboliques de l'histoire guadeloupéenne constamment repris par les écrivains, est celui de Delgrès sur les hauteurs du Matouba où il choisit avec trois cents de ses compagnons et compagnonnes de mourir libre en se faisant sauter en Mai 1802. Dans *L'Isolé soleil*, Georges, nègre libre, a rejoint les troupes de Delgrès et d'Ignace, formées entre autres d'officiers et de soldats dissidents et décidés à se battre contre Richepance, revenu en force pour rétablir l'esclavage au nom de Bonaparte. Les Marrons avaient une connaissance des lieux, tels que les mornes, détours de rivière, cachettes, et contrairement à Delgrès, étaient opposés à tout geste de clémence envers les Blancs. Après l'explosion du Matouba en 1802 et le rétablissement de l'esclavage qui s'en suivit, la répression non seulement contre les Marrons, mais aussi sur les plantations, fut terrible, et ces scènes sont souvent évoquées dans les textes: fusillades, pendaisons, appels surprises de nuit sur les plantations. Etaient également tués ceux des Nègres qui avaient des cicatrices, les cheveux coupés ras ou encore des balafres au visage, bref toute marque qui, d'une façon ou d'une autre, pouvait symboliser leur culture africaine et leur non-assimilation et donc qui était susceptible d'attester de leur marronnage.

Mais malgré ces sévices, et ce sont là des faits longtemps passés sous silence dans les livres d'histoire coloniaux, les esclaves désertaient de plus belle car marronnage signifiait liberté et sécurité signifiait poison, même au risque de la mort. Dans *Le Flamboyant à fleurs bleues*, Jean-Louis Baghio'o conte l'histoire des frères jumeaux 0'0, dont l'un fut un nègre Marron, de sa naissance à sa mort.[16] Et lorsque l'un de ses descendants,

---

[15]   *L'Isolé soleil*, p. 46.

[16]   Le symbolisme de la gémellité dans certaines civilisations africaines se retrouve aussi dans l'imaginaire antillais.

O'Baindingue, libre en 1793 à l'âge de 10 ans, se retrouva esclave en 1802, il se réfugia dans le marronnage et:

> lutta désespérément pour cette 'liberté' dont Houel ne se souciait guère. Il devint aussi personnage quasi-légendaire, en ce sens que les faits indiscutablement historiques auxquels il participa, corroborés d'ailleurs par l'onomastique des noms de famille et des noms de lieux, qui persistent encore aux Antilles, semblent maintenant appartenir (...) à une chanson de geste.[17]

Il participa aussi à la lutte de Delgrès contre Lacrosse qui, sur les instructions de Bonaparte, avait créé le Corps des Chasseurs de Bois, "milice impitoyable qui dressait les chiens à dépecer les nègres et qui torturait, qui pendait, fusillait, noyait...."O'Dingue, le dernier des nègres marrons de cette dynastie, selon la légende, aurait contribué à hâter l'Emancipation de 1848 en déclenchant la terreur.[18] Dans *Ti-Jean l'Horizon*, Obé, l'ami de Wademba, fils et petit-fils d'esclave, lui aussi prit un jour le chemin des bois et participa aux événements de la Soufrière, appelés selon la tradition aussi "la grande lumière du Matouba."[19]

Dans ces romans, l'histoire des Marrons est intimement liée à la légende qui fait d'eux les archétypes de la révolte et de la lutte pour la liberté individuelle des noirs. Ces héros du terroir comme ceux venus d'Afrique, célébrés ou non, ont tous leur place dans le panthéon des rebelles ayant lutté pour la liberté dont ils ont pu jouir dans leurs repères situés dans les Grands Fonds (régions boisées de la Grande-Terre), ou encore dans la région du volcan, au Matouba, à la Soufrière ou sur les mornes, tous hauts lieux dont ils avaient une connaissance précise et où ils pouvaient aisément se débarrasser de leurs poursuivants. Sur ces îlots de liberté, ils formaient de véritables petites nations, les Guinées, qui se voulaient indépendantes de la société esclavagiste. La vie qu'y menaient ces "farouches" était souvent dure mais libre et remplie d'activités traditionnelles telles que les veillées de contes dits par "un vieux de la vieille [qui] montrait

---

[17] Jean-Louis Baghio'o, *Le Flamboyant à fleurs bleues,* Paris, Editions Caribéennes, 1981, pp. 37-38.

[18] *Le Flamboyantt,* p. 38.

[19] *Ti-Jean l'Horizon,* p. 59.

l'herbe que le vent du soir courbait sous leurs pieds nus, et il disait d'un air pénétré: 'sentez, petite marmaille, c'est la chevelure des héros tombés en ce lieu."[20]

Notons toutefois ce paradoxe de l'indépendance-dépendance des Marrons, car certaines sociétés marronnes vivaient en partie des ressources de la même société esclavagiste qu'elles avaient fuie et rejetée. Un autre paradoxe à noter est, selon Yves Debbasch, la chasse aux "nouveaux" marrons à laquelle se livraient certaines communautés marronnes, alors que leur vocation première était d'accueillir les fugitifs.[21] Il est vrai que les chefs de bandes devaient s'assurer de la sincérité et de la force de caractère des nouvelles recrues, car ne résistait pas à la vie marronne qui voulait. Lorsque l'esclave fugitif se faisait Marron, il devait aussi couper avec son passé sur la plantation. Cependant, cela n'était pas toujours possible, car ceux qui restaient sur la plantation devaient quelquefois venir à leur aide. Il quittait sa case, son jardin, souvent sa famille, un environnement auquel il était tout-de-même intégré pour débarquer dans un monde, de prime abord hostile, pour vivre en dehors de l'ordre esclavagiste auquel il était habitué. D'où l'échec et le retour des "faibles" (ceux qui n'étaient pas tout à fait armés pour la dure vie marronne) à leur vie d'esclave. Il arrivait même que des châtiments fussent imposés à ceux qui voulaient retourner ou qui parlaient de retourner à leur ancienne vie. Car bien des secrets se trouvaient de la sorte divulgués, ce qui risquait d'exposer et de menacer toute la communauté marronne. Celle-ci, une fois localisée par l'ennemi, se trouvait en danger et son campement risquait la destruction pure et simple. Ainsi le marronnage, avec tous les paradoxes qu'il pouvait

---

[20] *Ti-Jean,* p. 14.

[21] "Organisées dans la liberté, les sociétés marronnes y sont, à n'en pas douter, farouchement attachées, encore qu'elles renient leur origine lorsqu'elles acceptent, pour prix de leur autonomie, de faire la chasse aux nouveaux marrons sur leur territoire, en se fermant ainsi en une aristocratie de la liberté, recrutés en principe par la seule hérédité." Yves Debbasch, "Le Marronnage: essai sur la désertion de l'esclave antillais," *L'Année Sociologique,* Paris, Presses Universitaires de France, 1962, p. 38.

quelquefois engendrer, reposait-il sur la base d'une nouvelle solidarité débouchant sur l'unité des deux groupes, les libres comme les esclaves, car parmi ces derniers se trouvaient bien des alliés qui contribuaient à leur survie.

D'autres communautés de Marrons subvenaient entièrement à leurs besoins, grâce non seulement aux techniques agricoles africaines, mais aussi à celles apprises sur la plantation (lorsque les Marrons avaient eu l'occasion d'y séjourner) et à d'autres héritées des populations indiennes qui dans certains cas les accueillaient ou les avaient accueillis dans leurs communautés. Mais surtout les Marrons devaient développer leurs propres techniques de survie et s'accommoder de ce que leur procurait la nature, lorsqu'ils avaient maîtrisé les éléments, l'eau, le feu. Leur indépendance économique reposait surtout sur la consommation de plantes, légumes et autres racines sauvages ou cultivées (manioc, cassave, ignames, patates douces, maïs, noix, pois), sur les petits jardins, la chasse, la pêche, le boucanage (hérité des Amérindiens), pour la conservation de la viande. Certaines communautés pouvaient aussi compter sur les ressources volées sur les plantations en zones esclavagistes (pillages des champs, vols d'animaux) où ils avaient organisé des réseaux qui englobaient des parents esclaves restés sur les lieux, et parfois des blancs qui défendaient leur cause. Notons aussi la complexité des échanges qui existaient entre Marrons et non-marrons. La Révolution française et les idées philanthropiques du XVIIIème siècle n'ont pas manqué de contribuer à une certaine recrudescence du marronnage: de nombreuses révoltes furent organisées et les contacts avec ceux des autres îles se faisaient plus fréquents.

Une fois notés les paradoxes du marronnage, il convient d'ajouter que ceux et celles qui s'y livraient représentaient l'ennemi de la société et du pouvoir esclavagistes, soulignant ainsi l'humiliation de cette société coloniale et son échec partiel. Là réside la dialectique du Marron qui, du point de vue des maîtres est un symbole négatif qu'il faut combattre à tout prix. Par ailleurs le Marron assume de façon positive, ce véritable titre de gloire auquel devait aspirer tout être réduit en esclavage. Ainsi les nombreuses blessures supplicielles subies par les Marrons sont de véritables blessures métaphysiques endurées afin de se sauver soi-même et afin de sauver "les autres" qui ne pouvaient encore ou n'avaient pas pu les rejoindre dans leur quête d'un ailleurs d'indépendance. A travers l'évocation des Marrons et de leurs actes de bravoure pour reconquérir leur dignité d'êtres humains, et surtout à travers l'évocation de leur vie quotidienne, ce qui frappe d'abord c'est l'angoisse de la situation tragique due à leur isolement (spatial, politique et psychologique) dans la vie de liberté traquée qui était la leur. En fait ces ancêtres-marrons, ne sont pas sans nous rappeler les nouveaux Marrons de la Guadeloupe d'aujourd'hui, les Marrons contemporains des révoltes récentes qui se sont opposés et s'opposent encore à la société néo-colonialiste, aux nouvelles formes d'oppression beaucoup plus subtiles et dissimulées, ainsi qu'aux nombreuses injustices perpétuées dans les DOM.[22] Les Marrons d'aujourd'hui prennent eux aussi et réellement les mornes de la liberté, un peu à la manière de Wademba qui y resta jusqu'à sa mort.

Dans sa nouvelle "L'Ile qui bouge", Guy Tirolien met en scène une vieille femme, à la voix usée, la Soufrière, véritable Marronne dont le souhait est de:

> secouer ce peuple comme on secoue une calebasse de riz jaune et le bon grain remonte à la surface, tandis que poussière et déchets vont reposer au fond du coui.... C'est l'économie de l'île que je veux bouleverser de fond en comble pour vous obliger à tenir tête et à faire face. A vous retrouver, à vous inventer.... Je veux un peuple debout. Je veux une île qui bouge, qui bouge, qui bouge ....[23]

Avec cette allégorie du volcan s'adressant à la population trop complaisante, c'est la tradition des Marrons qui resurgit. Dans une autre nouvelle, "Le Temps des martyrs," un autre Marron moderne, Bélisaire, se trouve être "le seul nègre qui ait interpelé le gouvernement sur les exactions commises en Afrique. C'était

---

[22] Voir par exemple l'action des indépendantistes et autres intellectuels poursuivis pour leurs idées et leurs actions révolutionnaires dans les années soixante.

[23] Guy Tirolien, *Feuilles vivantes*, au matin, Paris, Présence Africaine, 1977, pp. 171-172.

pendant la construction du Congo-Océan."[24] La différence entre les Marrons d'antan et les contemporains c'est que le Marron moderne travaille de l'intérieur, est intégré dans la société et se bat souvent avec et pour des idées; c'est l'intellectuel, le syndicaliste, l'étudiante, la paysanne, l'ouvrière agricole, le coupeur de cannes ou ceux et celles qui revendiquent les droits de la femme. Le but est le même que celui des ancêtres-marrons, mais les moyens, eux, sont différents. De nos jours la lutte est surtout politique et syndicale; l'idéal est de lutter pour le pouvoir qui appartient trop exclusivement encore aux békés (les blancs-pays) ou à une petite minorité. Le Marron moderne, pas forcément intellectuel, est aussi admiré du peuple et craint des autorités comme dans "Le Temps des martyrs" où tout est fait par les forces conservatrices pour enlever à Bélisaire, partisan du peuple, son siège de député obtenu lors de récentes élections. Au député de la majorité de reconnaître, pendant une conversation qu'il a avec le gouverneur, que le peuple n'est plus dupe et n'accepte plus la corruption. Que faire alors de Bélisaire? Réponse du député:

> Il faut l'achever habilement. Eviter d'en faire un martyr. Dans ce pays assoiffé de justice, le sang des martyrs rejaillit quelquefois, comme l'a dit le poète, en lucioles d'espérance.[25]

Les nouveaux Marrons doivent également faire face à toutes sortes de châtiment: aujourd'hui on ne coupe plus l'oreille ou le jarret, comme autrefois selon le degré de marronnage, mais les châtiments sont politiques: sièges électoraux faits et défaits par le jeu des fraudes, assassinats, emprisonnements arbitraires, déportations en métropole, provocations. Ainsi dans *Pluie et vent sur Télumée-Miracle*, c'est le nègre Amboise et deux de ses camarades qui périssent dans un incendie d'usine allumé par les patrons pour disperser la foule des grévistes.

Comme nous l'avons mentionné, les Marrons d'antan n'ont pas toujours joui du statut de héros qui est le leur non seulement dans bien des textes de fiction contemporains, mais aussi dans

---

[24]   *Feuilles vivantes*, p. 116.

[25]   *Feuilles vivantes*, p. 130.

l'opinion populaire. Car après la seconde Abolition en 1848, les nouveaux libres ont souvent voulu oublier, rejeter et se distancer de tout ce qui pouvait leur rappeler la période douloureuse et humiliante de l'esclavage, et ce pour pouvoir s'intégrer dans la société où ils étaient désormais considérés comme citoyens. Situation tout à fait similaire dans l'imaginaire collectif de la population. Il n'était pas encore question des Marrons symboles de l'héroïsme collectif, de liberté, de bravoure et de la lutte contre l'oppression des maîtres esclavagistes.

Le marronnage fut un phénomène minoritaire dans les petites Antilles, à cause même de l'espace limité qui ne permit pas l'établissement de communautés indépendantes comme ce fut le cas en Guyane par exemple avec les Saramaca et les Boni. Si le marronnage permettait de gagner une forme de liberté, la résistance des esclaves à l'intérieur même des plantations, joua un rôle capital dans la dialectique de la libération. C'est la combinaison du marronnage et de la résistance qui aboutit à la libération. Et dans ce processus, il devenait nécessaire pour s'affirmer en tant que libre, après l'abolition, de choisir l'assimilation, certes, mais dans le sens où cette dernière représentait le pouvoir social, économique et politique. Cela signifiait aussi que l'on devait rejeter l'Afrique et tout ce qu'elle pouvait véhiculer culturellement.

En fait, dans les textes des premières générations d'écrivains et d'écrivaines, on trouve déjà certains personnages pour qui les Marrons ne représentent en rien cette image de noblesse. Au contraire, il font honte et sont vus comme les sauvages, les non-civilisés, les Africains ou ceux qui se réclament de l'Afrique originelle avec laquelle certains autres voulaient couper tous les liens. Ce sont là les images négatives dévalorisantes et propagées par les esclavagistes qui ne voyaient dans les Marrons que des sauvages présentés d'ailleurs comme croque-mitaines et loups-garous aux enfants pour les effrayer. Les Marrons, pour les maîtres blancs, étaient associés au diable ou aux autres personnages effrayants de leur folklore. Donc cette volonté d'oublier était une stratégie quasi nécessaire à la survie de la plupart des nouveaux citoyens qui s'évertuaient à oublier tout ce qui pouvait leur rappeler l'Afrique, les traumatismes de la traite, l'enfer de l'esclavage et toute la déshumanisation qui le sous-tendait. Il faudra attendre, entre autres, le grand sursaut de conscience engendré en partie par l'attitude des écrivains depuis la Négritude, pour que les Marrons, à travers la réhabilitation de l'Afrique et de leur rôle dans l'histoire guadeloupéenne, redeviennent symboles des luttes et de la liberté des noirs.[26]

Aujourd'hui le Marron c'est le noble, le pur, celui qui ne s'est pas compromis et bien des familles tiennent à faire figurer un ancêtre Marron, réel ou mythique, dans leur généalogie. Par ses lettres de noblesse et ses qualités intrinsèques, le Marron est devenu le modèle en quelque sorte du révolté moderne, de celui prêt à tout sacrifier pour obtenir justice sociale face aux injustices, exploitations ou discriminations sociales, culturelles ou politiques dans les DOM. Mais notons que les Marrons politiques trop extrémistes ne manquent pas, eux, d'être critiqués. Désormais "Marron" devient mythe et non plus seulement réalité historique. Avec la célébration des Marrons dans les textes littéraires c'est l'affirmation aussi d'un discours africain dans la conscience guadeloupéenne qui voit le jour, et on peut effectivement parler de leur lutte et de leur survie comme d'une grande geste marronne.

---

[26] A Port-au-Prince, en Haïti, il y avait jusqu'au départ de Baby Doc, une statue du Marron de la Liberté, soufflant dans une conque à lambi.

Delgrès et Ignace
• • • • • • • • • •
Matouba et Baimbridge

> *Matouba haut lieu du sacrifice.*
> *Baimbridge, symbole de la détermination*
> *à lutter, deux points d'ancrage, deux*
> *références exemplaires pour les Guade-*
> *loupéens d'aujourd'hui.*
>
> Roland Anduse

Delgrès et Ignace: noms désormais présents dans la mémoire
Ignace: héros guadeloupéen né à Pointe-à-Pitre
Delgrès: héros guadeloupéen né à la Martinique
Delgrès et Ignace: héros qui refusèrent de tirer sur leurs frères
Delgrès et Ignace : héros antillais de la résistance à Napoléon
Delgrès et Ignace: héros de la défense de la liberté des opprimés
Delgrès et Ignace: Rebelles et chefs militaires
Delgrès: qui demanda à la postérité: "accorde une larme à nos
malheurs et nous mourrons satisfaits."[27]

C'est à Saint-Pierre de la Martinique que naît Delgrès en 1772.[28]
Comme bien d'autres métis, il est envoyé par sa famille en
France où il reçoit une éducation militaire. Pendant sa scolarité,
Delgrès est un élève brillant. Sous la Révolution française, il ne
manque pas de se distinguer par ses exploits et à l'âge de 27 ans
est nommé colonel. Ignace lui aussi est né en 1772, mais à
Pointe-à-Pitre, où il fut apprenti charpentier avant de devenir

---

[27]   Guy Tirolien, *Balles d'or*, Paris, Présence Africaine, 1961, p. 33.

[28]   Sur Delgrès, voir entre autres, l'étude de Germain Saint-Ruf, *L'Epopée Delgrès, la Guadeloupe sous la révolution française*, Paris, L'Harmattan, 1988.

sergent, lieutenant, puis capitaine de grenadiers dans l'armée. En 1802, c'est lui que Pélage nomme commandant de la garde d'honneur chargée d'accueillir Richepance.

La période entre 1789 et 1802 est riche en événements dans les colonies françaises, Haïti, Guadeloupe, Martinique, qui voient les répercussions tragiques des décrets et autres décisions prises en France. De plus, les longs délais dans leur application dus à la distance ne vont pas manquer d'ajouter à tous ces bouleversements. Delgrès comme Ignace vont jouer un rôle historique crucial pendant cette période de la Révolution anti-esclavagiste en Guadeloupe tandis qu'en France la Révolution demeure bien esclavagiste de 1789 à 1794. Car comme le souligne Roland Anduse, la Déclaration des Droits de l'Homme et du Citoyen ne concernait pas l'esclavage aux colonies qui "fera bon ménage avec les principes révolutionnaires", comme d'ailleurs avec la pensée philosophique de l'époque. Les noirs envoient donc leurs délégués, Dufay, Mills et Belley, à la Convention Nationale pour réclamer l'abolition de l'esclavage.[29] Sous la Convention, le décret du 4 février 1794 (16 pluviôse de l'An II) déclare l'abolition de l'esclavage.[30]

Pour assurer l'exécution du décret et aussi parce qu'on craignait une attaque anglaise, la France envoie trois Commissaires, dont Victor Hughes, à la Guadeloupe, accompagnés de plus d'un millier d'hommes. Mais déjà en avril 1794 les Anglais envahissent la Guadeloupe, Pointe-à-Pitre alors se soulève contre les Royalistes en arborant la cocarde tricolore et lorsque Victor Hughes débarque en juin, Ignace se rallie à lui comme volontaire dans les forces républicaines. L'armée sera le

---

[29] Voir Roland Anduse, *Joseph Ignace le premier rebelle*, Editions Jasor, Pointe-à-Pitre, 1989, p. 95 et chapitre 13 pour cette question.

[30] "L'esclavage des nègres dans toutes les colonies est aboli. En conséquence elle (la Convention) déclare que tous les hommes, sans distinction de couleur, domiciliés dans les colonies, sont citoyens français et jouissent de tous les droits assurés par la Constitution." Voir aussi Lacour, Auguste, *Histoire de la Guadeloupe*, tomes I à IV, Basse-Terre, 1855–1860 et Martineau, A. et L. Ph. May, *Trois siècles d'histoire antillaise: Martinique et Guadeloupe de 1635 à nos jours*, Paris, Société de l'histoire des colonies françaises et Librairie Leroux, 1935.

moyen de lutter contre l'esclavage pour les libres comme pour les anciens esclaves. Elle sera aussi un signe extérieur d'émancipation sociale et morale aux yeux de la population noire, esclave ou libre.

Dès 1795, Victor Hughes institue un régime de terreur absolue, guillotinant ou déportant les propriétaires qui n'avaient pas encore fui et promulguant un "ordre du travail" qui rétablissait en fait l'esclavage. Les cultivateurs, anciens esclaves, ne recevaient aucun salaire. On leur accordait deux jours, le "nonidi" et le "decadi" (de la semaine de dix jours) au lieu du samedi et du dimanche (de la semaine de sept jours) ce qui augmentait leurs journées de travail. Toutefois comme les colons craignaient de perdre la récolte de café de 1795 (comme ils avaient perdu celle de 1794), Victor Hughes et les autres commissaires de la Convention se résignent à offrir un salaire à la tâche et versé en provisions, effets ou espèces pour la cueillette du café. Ils réquisitionnent aussi tous les "citoyens et citoyennes attachés à la culture de la terre." Les salaires ne sont pas versés. Alors, ce qu'on leur refuse de droit, les noirs décident de le prendre de force, d'où une recrudescence du pillage.

Il faut dire que Victor Hughes ne nourrissait la population que de discours et de promesses qui exacerbaient une population qui avait déjà tant enduré sous l'esclavage. Or voilà que maintenant que la liberté leur était octroyée, rien en fait ne devait vraiment changer. Comme l'approvisionnement de l'île devenait de plus en plus difficile, Victor Hughes autorise de vastes opérations de corsaires. Nommé Agent du Directoire le 27 février 1796, il est rappelé en France le 4 décembre 1798 après les protestations des Etats-Unis contre ses actes de piraterie. Le général Desfourneaux le remplace dès le 22 novembre et lutte contre le vagabondage, force les noirs à travailler sur les propriétés et afferme momentanément les biens nationaux. Il exige donc l'application de la loi qui, conformément à la Constitution, voulait qu'une contribution directe foncière ou personnelle soit versée pour mériter le droit de vote dans les assemblées primaires. Desfourneaux exige que, pour mériter le droit de vote, les nouveaux citoyens payent une contribution équivalant à trois journées de travail agricole, d'où une faible participation électorale. Aussi est-il à son tour accusé et révoqué par le Conseil des Cinq Cents car il avait imposé des choix despotiques et violents. Ce sont les Commissaires Jeannet (dont Pélage sera l'aide de camp), Laveaux et Baco de la Chapelle qui sont nommés pour le remplacer, et qui arrivent le 12 décembre 1799.

Magloire Pélage, général de brigade et le chef de bataillon Louis Delgrès accompagnaient les trois commissaires. La population fait bon accueil aux nouveaux arrivés en qui elle met tous ses espoirs. Mais les successeurs de Victor Hughes ne restent pas longtemps à la Guadeloupe et n'y exercent guère d'influence. Un arrêté des Consuls du 19 avril 1800 stipule que la Guadeloupe sera dorénavant dirigée par trois magistrats. Lacrosse, qui avait déjà été désigné en 1793 et s'était alors montré libéral, gouverne cette fois en véritable réactionnaire. Sa tyrannie provoque des révoltes surtout lorsqu'il décide d'assumer lui-même le commandement militaire qui revenait hiérarchiquement au chef de brigade Pélage, métis martiniquais. Il veut même le faire arrêter après des incidents survenus à Pointe-à-Pitre. Pélage est proclamé Commandant militaire de la Guadeloupe par la population de Pointe-à-Pitre. Lacrosse invité à se rendre à Pointe-à-Pitre y est arrêté par le peuple et fait prisonnier. Pélage est donc chargé du Gouvernement provisoire de l'île. Il se heurte à Delgrès qui est partisan de l'indépendance et aussi à Lacrosse qui, de l'île de la Dominique, fait tout pour restaurer un parti où les blancs dirigeraient seuls sans les métis et anciens esclaves. C'est le général Richepance qui est le nouveau général en chef dès le 6 mai 1802. Entre-temps Lacrosse avait envoyé de faux rapports décrivant l'atmosphère de révolte dans l'île. Aussi lorsque Richepance débarque avec ses troupes son attitude est-elle des plus méfiantes envers Pélage et la population de Pointe-à-Pitre. Il va même jusqu'à désarmer les soldats de Pélage. Les anciens esclaves ont peur que l'esclavage ne soit rétabli ce qui n'est pas pour améliorer la situation.

Les récits d'un soldat noir en provenance de Pointe-à-Pitre contribuent à exacerber la population. Il raconte que Lacrosse est arrivé à la tête des troupes européennes et qu'il a fait fusiller vieillards, femmes et enfants. Delgrès refuse de le croire et le fait mettre au cachot. Mais le même soir, un officier, Noël-Corbet, vient confirmer certains des faits relatés par le soldat. Delgrès ne doute plus, surtout quand il peut lire la proclamation de Richepance confirmant que Lacrosse conserve son titre. Pour Delgrès cela signifie qu'en soutenant la politique du capitaine-général, la France veut bel et bien le retour à l'ancien régime et à l'esclavage. Pélage a donc livré les siens et les a trahis. Un choix s'impose: ou courber la tête et se résigner, ou se battre. Delgrès, déterminé, choisit de se battre au cri de "la liberté ou la mort! Vivre libre ou mourir!" autrement dit le refus systématique de la re-soumission à l'esclavage:

> Matouba-Thermopyles
> l'esclavage aboli
> Richepance
> Riche panse
> porte-parole des nantis conformistes
> le veut rétablir
> mais il y a un nommé DELGRES
> et la Liberté emprunte au volcan
> ses mots de lave.[31]

Le 8 mai 1802, Delgrès se déclare en révolte ouverte à Basse-terre qu'il occupe. Ignace et les autres chefs envahissent la ville avec leurs troupes noires ce qui ne manque pas d'effrayer les blancs qui mettent leurs femmes et leurs enfants à bord des navires américains alors en rade. Le matin du 9 mai, Delgrès convoque toutes ses troupes et, s'adressant aux soldats noirs et de couleur, leur dit: "Mes amis, on en veut à notre liberté. Sachons la défendre en gens de cœur et préférons la mort à l'esclavage."[32] Puis s'adressant aux quelques militaires blancs:

> Pour vous je n'exige pas que vous combattiez avec nous contre vos pères, vos frères, qui peut-être se trouvent dans la division française.

---

[31] Max Jeanne, *Western , ciné-roman guadeloupéen,* Paris, L'Harmattan, 1978, p. 53.

[32] Lacour et Martineau, op. cit.

Déposez vos armes. Je vous permets de vous retirer ensuite où bon vous semblera.[33]

Il dit de même à la Garde Nationale. Le 10 mai, avant l'arrivée de l'escadre française, Delgrès publie une proclamation dénonçant la politique de Richepance et écrite par un jeune blanc créole martiniquais, Monnereau, intitulée: "A l'univers entier, le dernier cri de l'innocence et du désespoir."[34] Après cette proclamation, le cri de ralliement des hommes de couleur est aussi "Vivre libre ou mourir!" Delgrès lui-même, emporté par son exaltation, fait désarmer Prudhomme, aide-de-camp de Pélage et Lesach, aspirant de marine, qui lui apportaient la lettre de Pélage annonçant son arrivée et celle de Richepance.

La déclaration que Richepance avait cru bon d'envoyer à Delgrès pour l'apaiser et lui faire abandonner la révolte a un effet tout contraire. Car dans cette déclaration, il était clairement dit que Richepance, simple général d'armée, était en réalité chargé de rétablir dans leur autorité les trois magistrats, dont Lacrosse, désignés par le Gouvernement pour gouverner la colonie. D'où la crainte de Delgrès et son opposition à tout débarquement des troupes de Richepance. Delgrès veut le renvoi pur et simple des troupes. Il veut un traité qui "couvre le passé et assure l'avenir." Richepance fait une autre tentative de réconciliation, faisant croire à Delgrès que c'est lui, et non Lacrosse, qui a le titre de Capitaine-Général. La tentative échoue car la défiance s'est installée chez les insurgés.

Jusqu'au 18 mai c'est une lutte des plus acharnées que se livrent les insurgés. Richepance et Pélage recrutent et arment les soldats noirs désarmés de Pointe-à-Pitre, fiers de combattre dans les bataillons français. Delgrès sent bien que sa cause est perdue. Enfermé au Fort Saint-Charles, il pense même faire sauter la citadelle. Loyal et généreux, il avait de la grandeur d'âme. Certains des insurgés se livraient à des actes de brigandage, incendies et assassinats, qu'il déplorait sans être en mesure de les contrôler.

---

[33]   Lacour et Martineau.

[34]   Voir le texte de cette proclamation à la fin de ce chapitre.

Le 21 mai les troupes de Richepance attaquent le fort et donnent l'assaut. Mais Delgrès et Ignace quittent le fort le même soir accompagnés de quatre cents hommes de troupes, de bon nombre de noirs récemment enrôlés et armés, et de femmes noires. Ignace se dirige vers Pointe-à-Pitre et Delgrès, avec une partie des troupes, vers un lieu déjà fortifié et en sa possession sur les hauteurs du Matouba. En agissant ainsi, tous deux échappent à Pélage qui devait garder les passages menant du fort à la campagne. D'un commun accord, Ignace allait exécuter une diversion sur la Grande-Terre tandis que Delgrès porterait la résistance sur les hauteurs du Matouba, ce qui aurait par la suite permis une contre-offensive.[35] Il s'agissait de disperser et déstabiliser les forces de Richepance et d'étendre la guerre. Après la sortie de Delgrès, ceux qui étaient restés décident de ne pas faire sauter le fort et se rangent alors du côté de Pélage.

Ignace mène bien ses hommes, les exaltent sans cesse et approche de Pointe-à-Pitre. A son arrivée le 25 mai et selon une information qu'il aurait eue, la ville serait pleine de soldats et pour ne pas tomber dans un piège qu'il soupçonne, il se replie alors vers un lieu fortifié, la redoute de Baimbridge, où Victor Hughes avait dans le temps fait construire une petite plate-forme protectrice. Quand Ignace y arrive, c'est pour constater qu'elle est dépourvue d'armes et c'est là que Pélage va l'encercler. Les insurgés se battent avec force et repoussent les assauts français mais lorsque Pélage utilise l'artillerie, Ignace et ses hommes ne disposent que de deux canons. A l'arrivée du général Gobert venu en renfort, c'est l'hécatombe chez les forces d'Ignace, victimes d'un véritable carnage. C'est là qu'Ignace trouve la mort le 25 mai 1802: il aurait été tué d'une balle à bout portant ou, selon une autre version, il se serait suicidé au lieu d'être fait prisonnier et se serait écrié: "Vous n'aurez pas l'honneur de me prendre en vie."

Le Matouba, qui en Caraïbe signifie lieu fertile et plein d'oiseaux chanteurs, sur les hauteurs du volcan situé dans la partie de l'île appelée "Basse-Terre" est une véritable

---

[35]   Sur ce sujet, voir Jacques Adélaïde Merlande, *Delgrès ou la Guadeloupe en 1802*, Karthala, Paris, 1986, chapitre 8.

fortification naturelle. Des soldats comme des personnes se livrant au pillage, à l'incendie et à l'assassinat accompagnaient Delgrès en cet endroit qu'il choisit pour lancer ce qui devait être sa dernière attaque. Le quartier général des insurgés est donc établi sur l'habitation d'Anglemont.

Les 26 et 27 mai 1802, Richepance rallie ses troupes et fait des reconnaissances au Matouba. On fixe au 28 mai l'assaut final. Deux colonnes se mettent en route sous les ordres des chefs de bataillons Cambriels et Delacroix avec deux guides qui connaissent bien les lieux. Delacroix est vainqueur de Sans-Peur qui défendait non loin de là l'habitation Lasalle. Delgrès est blessé au genou mais ne veut pas que ses soldats le sachent, de peur de les décourager. Delacroix rejoint la troupe de Cambriels. Delgrès se trouve enfermé et prisonnier à l'habitation d'Anglemont qu'il avait pris soin de faire miner auparavant:

> Trop tard! les miens refluent, tout espoir est perdu.
> N'importe, frères, prolongeons le combat.
> Exécutons les suprêmes figures de cette danse macabre.
> Attirons l'ennemi jusqu'au cœur de la foudre,
> et dans la mort unis par le nœud de la haine,
> que le buisson ardent de nos corps embrasés
> illumine le monde.[36]

Les insurgés, hommes, femmes, enfants, se battent avec acharnement et détermination aidés par les Marrons qui maîtrisaient les lieux. Seule la mort de tous les insurgés pouvait assurer la victoire des esclavagistes. Et Louis Delgrès mourut, le jour même de ses 30 ans, dans ce paysage de volcans du Matouba. Suicide collectif, héroïsme poétique, apothéose dans le feu, Delgrès par cet acte est bien mort en défenseur des Libertés, contrairement à Pélage qui représentait ouvertement la résistance à la liberté des esclaves. Delgrès né au pied de la Montagne Pelée et qui:

> les jours où le prenaient de grandes colères intérieures contre
> l'injustice faite chez lui aux gens de couleur, imaginait que seule une
> force pareille à la puissance de son volcan pourrait combattre
> l'orgueil de la capitale française des Antilles. Il revivait aussi le

---

[36] Guy Tirolien, "La Mort de Delgrès" dans *Balles d'or,* p. 35.

souvenir des promenades avec son grand-père à la falaise des Prêcheurs d'où s'étaient jetés par villages entiers les Indiens caraïbes qui refusaient l'asservissement.[37]

Comme les Indiens Caraïbes se jetant du haut des falaises, comme les familles esclaves préférant l'empoisonnement à la servitude, comme les mères étouffant leurs nouveau-nés, Delgrès, Ignace, Massoteau, leurs compagnes et compagnons anonymes de combats sont elles et eux aussi entrés dans le panthéon des héroïnes et héros antillais. La communauté antillaise apprend de plus en plus à les respecter pour leurs actes de résistance active, actes qui à leur tour inspirent et encouragent les luttes qui aujourd'hui même continuent à bien d'autres niveaux. Jusqu'à ces dernières années Ignace demeura moins connu que Delgrès, il n'en reste pas moins que dans la lutte anti-esclavagiste guadeloupéenne, Baimbridge comme Matouba restent les hauts lieux de mémoire symboliques pour le peuple guadeloupéen aujourd'hui.[38]

Ainsi Ignace et Delgrès diffèrent quelque peu des Marrons dans la mesure où ils luttent sur place, sur le terrain même de l'oppresseur, au côté de la population qui elle aussi participe à la révolte. Le rêve est désormais de lutter pour être reconnu comme citoyen à part entière et s'il le faut mourir, oui, mais ici, sur place et le but n'est plus de se séparer, partir en marronnage ou revenir à la terre ancestrale. Avec Delgrès et Ignace nous pouvons dire que c'est déjà un discours antillais de révolte qui s'exprime et nul étonnement donc à ce que leur mémoire soit de plus en plus célébrée. On peut dire en fait que là se trouve déjà l'origine-même d'un discours proprement guadeloupéen, dans le désir et la volonté de se sentir bien à l'aise chez soi, de faire de cette terre nouvelle et de ce lieu de souffrances et de violence, sa propre terre, son propre pays. Les nouvelles générations d'écrivains vont donc évoquer la résistance des ancêtres Marrons, de celle de ces figures, militaires, mais aussi celle d'autres figures

---

[37] *L'Isolé soleil*, p. 62.

[38] Tout un travail de recherche a en effet été entrepris pour replacer Ignace dans l'histoire guadeloupéenne. Voir entre autres l'ouvrage cité de Roland Anduse, *Joseph Ignace, le premier rebelle*.

populaires, de femmes qui elles aussi participèrent à la lutte de libération comme le fit Solitude.

Texte de la Proclamation de Louis Delgrès[39]

"A L'univers Entier
"Le Dernier Cri De L'innocence
"Et Du Désespoir

"C'est dans les plus beaux jours d'un siècle à jamais célébré par le triomphe des lumières et de la philosophie qu'une classe d'infortunés qu'on veut anéantir se voit obligée d'élever sa voix vers la postérité, pour lui faire connaître, lorsqu'elle aura disparu, son influence et ses malheurs.

"Victime de quelques individus altérés de sang qui ont osé tromper le Gouvernement Français, une foule de citoyens, toujours fidèles à la patrie, se voit enveloppée dans une proscription méditée par l'auteur de tous ses maux.

"Le Général Richepance dont nous ne connaissons pas l'étendue des pouvoirs, puisqu'il ne s'annonce que comme Général d'armée, ne nous a encore fait connaître son arrivée que par une proclamation dont les expressions sont si bien mesurées que, alors même qu'il promet protection, il pourrait nous donner la mort sans s'écarter des termes dont il se sert.

"A ce style, nous avons reconnu l'influence du contre-Amiral Lacrosse qui nous a juré une haine éternelle.

"Oui, nous aimons à croire que le Général Richepance lui aussi a été trompé par cet homme perfide, qui sait employer également les poignards de la calomnie.

"Quels sont les coups d'autorité dont on nous menace? Veut-on diriger contre nous les baïonnettes de ces braves militaires dont nous aimions à calculer le moment de l'arrivée et qui

---

[39] Citée dans Germain Saint-Ruf, *L'Epopée Delgrès, la Guadeloupe sous la Révolution française (1789-1802)*, Paris, L'Harmattan, 1988, pp. 107-109.

naguère ne les dirigeaient que contre les ennemis de la République?

"Ah! plutôt si nous en croyons les coups d'autorité déjà frappés au fort de la Liberté, le système de la mort lente dans les cachots continue à être suivi.

"Eh! bien, nous choisissons de mourir plus promptement.

"Osons le dire, les maximes de la tyrannie la plus atroce sont surpassées aujourd'hui.

"Nos anciens tyrans permettaient à un maître d'affranchir son esclave, et tout nous annonce que, dans le siècle de la philosophie, il existe des hommes, malheureusement trop puissants par leur éloignement de l'autorité dont ils émanent, qui ne veulent voir d'hommes noirs ou tirant leur origine de cette couleur que dans les fers de l'esclavage.

"Et vous, Premier Consul de la République, vous guerrier philosophe de qui nous attendions la justice qui nous était due, pourquoi faut-il que nous ayions à déplorer notre éloignement du foyer d'où partent les conceptions sublimes que vous nous avez si souvent fait admirer?

"Ah! sans doute un jour, vous connaîtrez notre innocence, mais il ne sera plus temps, et des pervers auront déjà profité des calomnies qu'ils ont prodiguées contre nous pour consommer notre ruine.

"Citoyens de la Guadeloupe, vous dont la différence de l'épiderme est un titre suffisant pour ne point craindre les vengeances dont on nous menace—à moins qu'on ne veuille vous faire un crime de ne pas avoir dirigé vos armes contre nous— vous avez entendu les motifs qui ont excité notre indignation.

"La résistance à l'oppression est un droit naturel. La Divinité même ne peut être offensée que nous défendions notre cause: Elle est celle de la justice, de l'humanité. Nous ne la souillerons pas par l'ombre du crime.

"Oui, nous sommes résolus à nous tenir sur une juste défensive, mais nous ne deviendrons jamais des agresseurs.

"Pour vous, restez dans vos foyers; ne craignez rien de notre part.

"Nous vous jurons solennellement de respecter vos femmes, vos enfants, vos propriétés et d'employer tous les moyens de les faire respecter par tous.

"Et toi, Postérité, accorde une larme à nos malheurs, et nous mourrons satisfaits!

"Le Colonel d'Infanterie,
"Commandant en Chef
"de la Force Armée de Basse-Terre,
"*Louis Delgrès*"

Solitude
• • • • •

> *Et renversant la tête en arrière, elle éclata en*
> *un curieux rire de gorge, une sorte de chant*
> *très doux et sur lequel s'achèvent toutes les*
> *histoires, ordinairement, tous les récits de*
> *veillée, tous les contes relatifs à la femme*
> *Solitude de Guadeloupe.*
>
> *André Schwarz-Bart*

Solitude, la femme Solitude, la mulâtresse Solitude, héroïne et martyre, contrairement à ses nombreuses autres sœurs restées anonymes, a toujours été présente dans la mémoire collective guadeloupéenne. Elle lutta pourtant comme Anastasia, Dendera ou Zabeth, toutes des femmes qui ont encouragé le marronnage, participé aux nombreux complots, facilité les nombreuses évasions, ravitaillé et informé fugitifs et compagnons.[40] En Guadeloupe, Solitude reste le symbole de toutes celles qui ont pris part à la lutte pour la liberté et son nom reste aussi associé à celui de Delgrès. Cependant, la reconnaissance et la célébration de Solitude vont encore plus loin car c'est le courage et la place réelle des femmes antillaises dans les nombreuses luttes de libération qui sont également célébrées à travers elle. L'épopée de Solitude c'est celle de toutes celles appelées les "sœurs de Solitude" et qui sont aussi rentrées non seulement dans les légendes mais aussi dans l'histoire redécouverte du pays.[41] Cette expression désigne désormais aussi bien les héroïnes plus contemporaines, depuis les femmes de l'insurrection du Sud à la

---

[40] Voir Simone Schwarz-Bart, *Hommage à la femme noire*, Paris, Editions consulaires, 1988, tome III, qui raconte la vie de ces héroïnes trop oubliées.

[41] Voir le titre-même du livre d'Arlette Gautier, *Les Sœurs de Solitude*, où elle décrit la condition des femmes esclaves aux Antilles.

Martinique jusqu'à, plus récemment, l'avocate et députée Gerty Archimède qui lutta pour l'émancipation des femmes antillaises.

Il n'existe guère de détails sur les origines de Solitude, esclave d'abord, puis marronne qui lutta au côté de Delgrès. André Schwarz-Bart lui a rendu un bel hommage dans son roman *La Mulâtresse Solitude*, où il reconstruit son itinéraire tant à travers son imagination d'écrivain qu'à l'aide des documents historiques relatifs à cette période.[42] En élaborant le mythe de Solitude, il a ainsi contribué à réhabiliter la personnalité historique de cette héroïne. Vers 1772 Solitude, alors nommée Rosalie, serait née à la Guadeloupe, à l'habitation du Parc, dans la commune du Carbet de Capesterre. Elle aurait été conçue pendant la pariade, généralement un mois avant l'arrivée aux ports antillais des bateaux négriers, lorsque les femmes esclaves étaient livrées aux marins dans les mêlées reproductrices forcées. Quant à sa mère, la négresse Bobette, c'était une rebelle qui n'hésitait pas à avaler sa langue et qu'on devait surveiller de très près pour qu'elle ne se tue pas.[43] Donc Solitude avait de qui tenir et était très attachée à sa mère, dont elle ne put être séparée en dépit des inquiétudes des maîtres qui craignaient que la mère n'abîme son enfant. L'enfant, surnommée "Deux-Ames" à cause du regard que lui donnaient ses deux yeux de couleur différente, était donc particulièrement soignée. On l'emmenait à la maison des maîtres où elle devint une des favorites de la jeune fille du maître, Xavière, qui était du même âge qu'elle. Mais "Deux-Ames" avait déjà tout d'une marronne, comme sa mère qui n'avait jamais pu se faire au pays et avait rejoint les groupes de Marrons des hauteurs de la Soufrière. Ainsi, à la grande maison, elle faisait exprès, une fois lavée, de se rouler dans la poussière pour pouvoir rentrer aux cases nègres comme elle en était partie. Feignant l'obéissance, Solitude se rendait utile et était devenue la meilleure amie de sa maîtresse. On lui donna des leçons de couture, de français, de harpe indienne et de chant, jusqu'au jour

---

[42] *La Mulâtresse Solitude*, Paris, Seuil, collection Poche, 1972. Voir aussi Mireille Rosello, *Littérature et identité aux Antilles*, Paris, Karthala, 1992, en particulier le chapitre 6.

[43] *La Mulâtresse*, pp. 67-68.

où elle empoisonna les poules, ce dont elle était très fière et qu'elle souhaitait faire connaître à sa mère.[44] Le 8 février 1784, on la vendit à Basse-Terre. Elle travailla la canne pour ses nouveaux maîtres, mais quand ces derniers l'entendirent rire, ils la revendirent et ainsi firent ses autres maîtres qui:

> tous laissaient des initiales sur son corps (...) Un jour elle se marqua elle-même lorsqu'un petit blanc lui demanda son nom et qu'elle lui répondit: "avec ta permission, maître, mon nom est Solitude."[45]

L'esclave Rosalie s'était elle-même choisi un nom qui la représentait telle qu'elle devait se voir et se sentir, bien souvent isolée, délaissée par ses compagnes et compagnons. A cause de sa condition de métisse, même sa propre mère s'était toujours méfiée d'elle et ne l'emmena pas avec elle lorsqu'elle s'enfuit en marronnage avec son compagnon. Le 23 février 1784 elle fut vendue au chevalier de Dangeau à Pointe-à-Pitre, qui était à la recherche d'une violoniste mais fut surpris par la transparence de ses deux grands yeux de couleur différente. Il la prit en pitié, la relégua aux cuisines où elle travailla pendant des années.

Après le décret d'abolition de l'esclavage en 1794 et les troubles qui s'ensuivirent, Solitude vécut çà et là dans la nouvelle République. Puis ce fut l'esclavage déguisé sous la surveillance, cette fois, des gardes nationaux qui remplacèrent les commandeurs. Les fouets portaient désormais des rubans tricolores. Les citoyens qui ne voulaient pas se plier à cette nouvelle forme d'esclavage étaient poursuivis et guillotinés. Certains autres se réfugiaient dans les bois où les républicains, noirs ou blancs, les poursuivaient. Le campement des Marrons de la Goyave survécut, avec à sa tête un nommé Sanga qui avec ses troupes, avait combattu le général Desfourneaux nommé gouverneur de l'île où il arriva en novembre 1798. Le hurlement des conques à lambis, qui avaient remplacé le tam-tam des esclaves transmettaient les messages aux femmes, aux enfants et aux hommes.

---

[44] *La Mulâtresse*, p. 78.
[45] *La Mulâtresse*, p. 81.

C'est dans ce camp que se retrouva un jour Solitude, "les chevilles gonflées, les mollets qui portaient la dent toute récente des fers," traces des supplices réservés aux insoumis. Selon la chronique, Solitude, venant de Pointe-à-Pitre, se serait aussi trouvée au camp de Palerme. Elle laissait éclater dans toutes les occasions sa haine et sa fureur. Elle avait des lapins: l'un d'entre eux s'étant échappé, elle s'arme d'une broche, court, le perce, le lève, et le présentant aux prisonniers: "Tiens, dit-elle, en mêlant à ses paroles les épithètes les plus injurieuses, voilà comme je vais vous traiter quand il en sera temps."[46]

C'est là qu'elle vécut parmi les Marrons, dans la forêt d'où elle ramenait plantes médicinales, fruits, racines, feuilles dont elle connaissait les multiples usages thérapeutiques. Elle tua même, par ruse, un des soldats, lui enfonçant son propre sabre dans le ventre. Après la destruction du camp, il fallut partir et c'est elle, redevenue Solitude la marronne, qui conduisit une petite troupe qui ne cessait de s'amenuiser. Cela se passait en avril 1798. Vers ce moment la petite troupe s'installa sur les hauteurs de la Soufrière, d'où on dominait toute la contrée environnante. Elle y vécut une vie traquée, poursuivie, une vie de peur constante. A cette époque-là et selon la légende, Solitude aurait rencontré Maïmouni, l'esclave Congo qui devait la rendre mère.

C'est à la Soufrière que Delgrès et ses compagnons s'étaient retirés après leur retraite du Fort Saint-Charles de Basse-Terre en 1802. Solitude, enceinte, partit avec une troupe de Marrons poursuivant les Français, les attaquant de sa baïonnette. Richepance dont l'escadre était perdue libéra les soldats noirs qu'il avait fait mettre dans les cales quelques jours auparavant et les arma contre leurs frères insurgés. Le 22 mai, Delgrès quittait le fort Saint-Charles, se dirigeant vers le Matouba, à l'habitation d'Anglemont. Vaincus, les insurgés et les rebelles s'y acheminaient à la suite de leur chef. Solitude était parmi eux. Ce serait, selon la tradition orale, le 28 mai au matin, qu'ils arrivèrent au Matouba. Presque tous participèrent à la contre-

---

[46]   Dans Auguste Lacour, *Histoire de la Guadeloupe*, p. 311. Voir aussi Oruno Lara, *La Guadeloupe dans l'histoire*, Paris, L'Harmattan, 1979, et Martineau, op. cit.

offensive de Delgrès; mais en dépit de sa vaillance, la mulâtresse Solitude, enceinte, ne put les suivre jusqu'au bout. Les autres femmes l'entouraient de soins, ses compagnons la soutenaient, elle que toute la troupe admirait.

Incapable désormais d'escalader et de descendre les mornes et montagnes à cause de sa grossesse, elle encourageait d'autant plus les rebelles, ses compagnons hommes, les incitant à accomplir leurs exploits. Delgrès et sa troupe étaient maintenant à l'habitation d'Anglemont, prêts pour le dernier assaut apocalyptique, attendant la mort qui devait les délivrer. Solitude d'où elle était, observait les événements, jusqu'à l'explosion de l'Habitation d'Anglemont le 28 mai 1802. Après cela il y eut une sanglante chasse aux rebelles, Marrons, esclaves et autres combattants et combattantes de la liberté dans les forêts du Matouba et partout dans l'île. Celles et ceux qui survécurent furent emprisonnés, torturés, pendus, guillotinés. La répression fut atroce.

Blessée à la tempe, Solitude fut emprisonnée et condamnée à mort, mais non l'enfant qu'elle portait alors et qui reviendrait à quelque acheteur, maintenant que Richepance avait éliminé la résistance d'Ignace et de Delgrès, maintenant qu'il avait institué ce tribunal spécial de répression, maintenant qu'il pouvait enfin rétablir l'esclavage. Le 29 novembre 1802, âgée d'une trentaine d'années, le lendemain de son accouchement, elle fut suppliciée et pendue. Le notaire Vigneaux, de Marie-Galante qui assista à l'exécution raconte que nombreux étaient celles et ceux qui s'étaient déplacés pour l'occasion, pour voir, dernière de la queue, Solitude, "petite vieille toute grise et d'allure effacée, avec des yeux qui erraient en tout sens, papillotaient, semblaient désireux de voir sans qu'on les vit."[47] Dans la foule il s'était trouvé une femme à madras qui lui aurait lancé une herbe dite de l'enfant Jésus et que l'on donnait traditionnellement aux nouvelles accouchées. Ce geste toucha beaucoup Solitude qui en eut les larmes aux yeux.

---

[47]   *La Mulâtresse*, p. 149.

Telle fut Solitude la résistante, symbole de la dignité victorieuse, avec ses forces et ses faiblesses. On comprend le désir de conter son histoire que l'histoire officielle se garda bien de propager. A travers les histoires réelles, légendaires et fictives de Solitude, c'est celle de toutes les autres combattantes marronnes qui étaient données aussi en exemple à leurs frères rebelles, lorsque ces derniers manquaient quelquefois de résolution dans leur combat: "Hier, leur criait Mondésir Grippon, leur chef, vous étiez des hommes. Aujourd'hui, vous fuyez! Vous ne savez pas imiter les femmes. Prenez exemple sur elles."[48] C'est de cette même intrépidité dont fit preuve Solitude, ce même esprit révolutionnaire d'insoumission aux injustices de la métropole. Solitude, prise dans le temps et figée dans le contexte de l'esclavage, se trouve être témoin et victime des horreurs de l'esclavage, tout en représentant le modèle de l'héroïsme des femmes marronnes, elle qui fut sacrifiée et suppliciée pour sa résistance à l'esclavage.

Une autre de ces sœurs de Solitude, Marthe-Rose, dite Toto, concubine de Delgrès, elle aussi blessée, n'était pas parvenue à le suivre au Matouba. Elle fut condamnée par le tribunal spécial et exécutée non sans avoir auparavant dit à ses bourreaux: "Des hommes, après avoir tué leur roi, ont quitté leur pays pour venir dans le nôtre porter le trouble et la confusion: que Dieu les juge!"[49] Et il ne faut pas ignorer les nombreuses autres femmes qui ont elles aussi participé à toutes ces luttes. Bien qu'elles soient certainement parmi les plus connues, nous ne devons pas uniquement chanter Solitude, ou les compagnes de Delgrès et Ignace. Du moins devons-nous, à travers elles, célébrer toutes celles dont le nom ne nous est pas parvenu aussi clairement et fortement. Leur vaillance, leur bravoure et leurs actions souvent discrètes et restées anonymes en dépit des témoignages, ont fait avancer la cause des insurgés tout autant que le grand éclat du Matouba ou le carnage de Baimbridge. Selon les témoignages et la tradition orale, bien nombreuses étaient celles, qui résistèrent

---

[48]   Voir Lacour, op. cit.

[49]   *L'Epopée Delgrès*, p. 132.

et participèrent aux combats pour la liberté. Ainsi se fermaient des journées sanglantes de l'histoire guadeloupéenne, mais des journées grosses d'espoirs pour le futur. En effet après 1802 et jusqu'à 1848, date de la seconde abolition, il y eut une période encore plus fertile en révoltes et révolutions, car entre 1794 et 1802, un travail révolutionnaire de base s'était effectué dans les esprits. Les esclaves tenaient désormais à exister dans la liberté, à exister pour eux-mêmes et non plus pour les maîtres. L'héroïsme et les sacrifices de 1802 ne furent peut-être pas tout de suite compris par tous les citoyens libres ou tous les esclaves, mais ces derniers savaient que la lutte se devait de continuer. Un grand pas avait été fait vers une prise de conscience et après avoir goûté à la liberté, le rétablissement de l'ancien ordre, réactionnaire et esclavagiste, ne pouvait qu'aboutir aux événements de 1848.

La révolte de Delgrès ou Ignace, rebelles militaires antillais n'eut pas le succès escompté certes, surtout si on la compare à celle de Toussaint Louverture en Haïti à la même époque. Mais Ignace et Delgrès, tout comme Toussaint, firent preuve d'un sens stratégique nécessaire dans les luttes inégales qu'ils menèrent avec tant d'héroïsme et de foi en la victoire finale. Ils avaient tous deux un grand sens de la situation politique et sociale en dépit de leur défaite militaire et il suffit de relire la *Proclamation* de Delgrès pour s'en convaincre. Delgrès agit en négociateur, en conciliateur dont le but n'était pas de tuer la population blanche comme le voulait Victor Hughes. Il n'était pas question pour lui de se livrer à une guérilla urbaine qui aurait détruit Basse-Terre et il fit une trêve avec Richepance. Il désirait avant tout rassurer les populations que la Guadeloupe ne serait pas livrée aux flammes. Son désir était la libération des esclaves dans une société où tous et toutes pourraient enfin cohabiter. En fait cela nous rappelle l'attitude d'un Nelson Mandela dans la nouvelle Afrique du Sud ou encore celle du Président Aristide en Haïti après son retour d'exil. Quant à Solitude, elle représente également cet enracinement dont nous parlions, cette inscription dans le local, elle, métisse, qui resta fidèle à la cause des noirs qu'elle défendit jusqu'au bout, contrairement à beaucoup de métisses qui plus tard n'allaient pas hésiter à renier leurs origines nègres et s'allier aux esclavagistes. Son héroïsme s'il peut être vu aussi comme individuel, entre bien dans un discours antillais, dans un discours nègre guadeloupéen.

Victor Schœlcher
● ● ● ● ● ● ● ● ●●

A pa Schoelcher ki libéré nèg.

SGEG

En Guadeloupe et aux Antilles françaises en général, 1848, la seconde liberté, l'émancipation, a été jusqu'à ces dernières années, toujours associée au nom du "grand libérateur" Schœlcher, qui aurait "donné" la liberté aux esclaves. Schœlcher dans la mémoire collective guadeloupéenne a fait et fait encore partie du panthéon des héros et héroïnes. Cependant la situation de Schœlcher et le mythe qui l'accompagne, est toute différente de celle des Marrons, d'Ignace, de Massoteau, de Delgrès, de Solitude et de ses sœurs et ce pour plusieurs raisons. Pour Schœlcher, un phénomène inverse s'est produit quant à sa place actuelle dans le panthéon antillais. Depuis que le rôle primordial des esclaves dans leur propre libération a été historiquement défriché et officiellement établi par les historiens et par une relecture antillaise de l'histoire de l'île, Schœlcher n'est plus considéré comme celui "qui a aboli l'esclavage" ou qui a donné la liberté aux esclaves. De plus, au début des années 1830, Schœlcher n'était pas en faveur de l'abolition immédiate mais plutôt d'une émancipation progressive, et c'est à partir de 1842 que sa position allait changer. Lui aussi comme tous les autres personnages étudiés, est une figure on ne peut plus complexe et qui doit être comprise dans le contexte des événements de l'époque.

L'une des caractéristiques qui démarque Victor Schœlcher des autres figures, c'est qu'il est celui qui vient effectivement d'ailleurs, de la métropole. D'origine alsacienne, il est né à Paris en juillet 1804, il demeure néanmoins pour ses compatriotes de France, l'un des métropolitains associés à la "seconde liberté," c'est à dire à l'abolition définitive de l'esclavage dans les territoires français. Comme nous l'avons vu, la première abolition du 4 février 1794 décrétée par la Convention jacobine, ne survécut pas au Directoire pendant lequel les anciens esclaves bénéficièrent momentanément de la liberté. Egalement la loi du 30 mai 1802, édictée par le Premier Consul Bonaparte, mit fin à la première abolition, ce qui ne se fit pas sans la résistance acharnée de Delgrès, d'Ignace, et des populations esclaves.

Inquiet des tendances républicaines et radicales qu'affichait son fils sous la Restauration, le père de Schœlcher, porcelainier à Paris, l'envoya au Mexique placer ses marchandises. En 1829 Schœlcher se retrouve en Amérique où il découvre la situation des esclaves. "Il était parti commis-voyageur, il en revint abolitionniste."[50] Rappelons que la loi du 8 février 1815 avait proclamé l'abolition de la traite, bien que cette mesure ne fut effectivement appliquée qu'à partir de 1818. Sous la Monarchie de Juillet, les mouvements anti-esclavagiste et abolitionniste se développaient. En 1833, aux Antilles anglaises, le système de l'*indentured labour* remplaça l'esclavage, préparant en fait sa disparition. En 1834, la "Société pour l'abolition de l'esclavage" fut constituée à Paris. Les abolitionnistes faisaient campagne pour l'émancipation immédiate. De nombreuses pétitions arrivèrent à la Chambre des députés, telles les trois signées par plus de 3.000 ouvriers et ouvrières de Paris en 1844.

Entre 1836 et 1847, Schœlcher retourna trois fois aux Antilles (françaises, espagnoles et anglaises). Il visita l'Egypte, la Grèce, le Proche-Orient où il observa les formes de la servitude orientale. Il se rendit aussi au Sénégal et y recueillit témoignages et arguments en faveur de l'abolition. En 1842, il publia *Des Colonies françaises: Abolition immédiate de l'esclavage*. Après l'ordonnance royale du 5 juin 1846, d'autres mesures furent prises pour assurer l'instruction élémentaire et religieuse des jeunes esclaves de 8 à 14 ans, de même que pour améliorer la nourriture, les soins médicaux et le logement des esclaves. Le 18 juillet 1845, une autre loi apportait des garanties à tout esclave: la

---

[50]   Liliane Chauleau, *La Vie quotidienne aux Antilles françaises du temps de Victor Schœlcher, XIXème siècle*, Paris, Hachette, 1979, p. 17.

durée du travail, l'héritage, les sanctions contre les abus du maître, la possibilité de racheter sa liberté et celle de sa famille. Schœlcher approuva cette loi non sans réserve toutefois:

> Elle a du moins (...) le mérite de jeter les premières bases de l'abolition (...) Quant à nous, dont les convictions politiques et économiques ensemble nous commandent de solliciter l'abolition immédiate et générale, nous aurions voté la loi telle qu'elle est, pour ne point reculer d'un jour le bien qu'elle peut produire. *C'est une transaction fâcheuse mais que l'on doit accepter (tout en réservant le principe) dans l'intérêt du principe même et pour en accélérer le triomphe.*[51] (Nous soulignons)

Le 27 avril 1848 les membres du gouvernement provisoire de la Seconde République dont Lamartine était président, signent le décret qui prévoit l'abolition deux mois après la dite promulgation dans les colonies. Ce délai avait été prévu afin que la récolte de cannes de l'année soit faite par les noirs encore esclaves à cette date.[52] Cependant dès le 23 mai 1848 à la Martinique et dès le 27 mai à la Guadeloupe, dans l'ignorance des décrets signés à Paris et bien avant leur arrivée aux îles, l'esclavage fut aboli à la suite des troubles et des nombreuses révoltes d'esclaves. Les esclaves s'étaient bel et bien libérés eux-mêmes, et comme le reconnaîtra Schœlcher plus tard, l'abolition:

> a été proclamée par les gouverneurs eux-mêmes avant qu'elle n'arrivât de la métropole car les esclaves après deux mois d'attente, impatients de jouir de la liberté qu'ils apercevaient à l'horizon saisirent avec colère cette liberté si ardemment désirée.[53]

En 1848, en Martinique comme en Guadeloupe, seuls les nouveaux citoyens hommes (les femmes ayant été exclues de cette décision) purent exercer pour la première fois leur droit de vote au suffrage universel et élire leurs représentants à l'Assemblée Nationale Constituante. Lors de ces élections,

---

[51] Gaston, Martin, *Histoire de l'esclavage dans les colonies françaises*, Paris, PUF, 1948, pp. 25-26, 288.

[52] Gâtine et Perrinon, les deux commissaires de la république nommés pour l'exécution de ce décret arrivèrent en Martinique et en Guadeloupe les 4 et 5 juin et donc l'abolition aurait dû être proclamée les 4 et 5 août 1848.

[53] Chauleau, p. 39.

Schœlcher fut élu à la Guadeloupe comme à la Martinique. Il opta pour la Martinique, ce qui permit à Louisy Mathieu, noir guadeloupéen, de siéger dans la première assemblée nationale: "L'égalité y trouve un trop beau triomphe, dira Schœlcher, pour que je n'aie pas dû y sacrifier ma reconnaissance."[54] Après le coup d'Etat du 2 décembre 1851, Schœlcher dut s'exiler en Belgique, puis en Angleterre, d'où il combattit le régime impérial. Ce n'est qu'en août 1870 qu'il regagna la France. La Guadeloupe, la Martinique et la Guyane ne l'avaient pas oublié cependant et le désignèrent toutes trois comme député. Il opta cette fois pour la Guyane. Toujours animé du souci de consolider l'abolition, Schœlcher participa à l'œuvre scolaire de la Troisième République et à l'organisation de l'enseignement aux Antilles françaises. En 1883, il fut l'un des fondateurs du lycée Carnot de Pointe-à-Pitre. Plus tard il fit don à la Guadeloupe de sa collection de sculptures, bronzes, plâtres, cires et porcelaines et à la Martinique de sa bibliothèque privée de 10.000 volumes.

Ce métropolitain abolitionniste convaincu et ami des opprimés est resté bien vivant dans la mémoire collective antillaise et les rues, les places et les statues témoignent de cet hommage. Dans les œuvres de la première génération son souvenir demeure: ainsi dans *Sapotille et le serin d'argile* de Michèle Lacrosil, c'est la grand-mère de l'héroïne qui lui parle de l'œuvre de Schœlcher:

> On m'a dit récemment que des ouvriers parisiens avaient protesté, en 1848, contre les traitements réservés aux esclaves des Antilles, et organisé des meetings pour obtenir leur libération (...) Ils envoyèrent une délégation à l'Assemblée. Leur intervention a soutenu, à l'heure décisive, l'action du LIBERATEUR. Cela, ne l'oublie jamais, mon enfant (...) tu sais, toi, petite, qui est Schœlcher? Bien, mais les esclaves qu'il libéra ignorèrent son nom.[55]

Si certains esclaves ignorèrent son nom c'est certainement parce qu'ils avaient conscience d'avoir eux-mêmes conquis leur liberté

---

[54] Dans *L'Avenir de la Pointe-à-Pitre*.

[55] Michèle Lacrosil, *Sapotille et le serin d'argile*, Paris, Gallimard, 1960, pp. 120-121.

qui ne leur fut pas "donnée" par Schœlcher. En effet à considérer les événements, on peut admettre que:

> L'abolition de l'esclavage fut l'aboutissement d'un processus historique qui l'avait rendu indispensable pour des raisons économiques et politiques. C'est la lutte des esclaves pour la liberté immédiate et inconditionnelle qui devait porter au système agonisant l'estocade finale en 1848.[56]

En fait la situation était des plus complexes car de nombreuses alliances existaient entre métis et noirs et ceux qui œuvraient pour l'abolition. Il s'agissait d'une dialectique collective et la pression des abolitionnistes se faisait de plus en plus forte. Leur lutte est dialectiquement liée à celle des esclaves pour leur libération. Ces différents groupes étaient loin de s'ignorer, au contraire, et la lutte avait aussi lieu au niveau gouvernemental. Il s'agissait pour chacun de se battre chez soi et la lutte dans son ensemble se devait d'aboutir. La France elle aussi était à l'écoute des abolitionnistes, surtout confrontée à l'action de l'Angleterre contre la traite clandestine. Bien qu'il ne faille pas procéder à une autre forme d'occultation du rôle de Schœlcher, il est toutefois important de connaître l'histoire des luttes locales de l'époque qui sont de plus en plus le sujet des textes de fiction contemporains.

Dans les années 1840, il était clair que l'abolition de l'esclavage était inéluctable. Restait à savoir le moment et la manière de cette abolition. C'est ici qu'intervint Schœlcher entre 1840 et 1848, par son travail de propagande et d'explication de la situation des esclaves pour l'opinion publique française et les dirigeants au gouvernement. Sous-secrétaire d'état aux colonies, il fit tout pour hâter le processus de l'abolition en 1848, et jusqu'à sa mort en décembre 1893, il servit la cause qu'il défendait. Schœlcher ne "libéra" pas les esclaves, mais sut être leur porte-parole, à l'Assemblée et dans la France réactionnaire. En Guadeloupe comme en Martinique, c'est bien la soif de liberté, l'exaspération des conditions de vie, l'impatience et

---

[56] Syndicat Général de l'Education en Guadeloupe, *A pa Schoelcher ki libéré nèg*, Pointe-à-Pitre, 1976, p. 66.

surtout les nombreuses luttes et révoltes des populations esclaves qui les ont conduites à renverser un système qui était devenu intolérable. La reconnaissance du combat et de la victoire des esclaves et des libres de couleur sur le gouvernement colonial de l'époque relativise ainsi le mythe Schœlcher et contribue à une lecture plus réaliste et juste de cette période de l'histoire guadeloupéenne et antillaise dans la mémoire collective.

Cette prise de conscience a mené à une révision et reconsidération des autres personnages-clés qui ont joué un rôle capital dans l'histoire de la libération des esclaves, mais dont l'importance historique n'avait pas jusqu'à récemment été reconnue dans l'inconscient collectif. Alors qu'il existait une certaine honte à reconnaître et célébrer les figures antillaises, qui depuis ont été réhabilitées, (Marrons, Delgrès, Ignace, Solitude), l'attitude fut différente envers Schœlcher, héros métropolitain. Il représentait le modèle blanc à émuler dans le désir d'assimilation de rigueur après l'émancipation et jouissait d'une reconnaissance certaine. Les principes républicains étaient à l'ordre du jour tandis que la période humiliante et traumatisante de la traite et l'esclavage se voyait refoulée au fond de la mémoire des nouveaux-libres, certes, mais toujours colonisés d'une certaine façon[57].

Quelle est donc la place de Schœlcher dans l'imaginaire antillais? Ses forces, faiblesses, et limites sont de plus en plus analysées et discutées et il n'est certainement plus le grand personnage présenté aux Antilles par la France métropolitaine grâce à une propagande bien orchestrée. D'ailleurs la plupart des journaux français métropolitains de son époque le représentait comme une sorte de voyou. Il a représenté selon nous, une force contre-révolutionnaire dans le processus d'abolition de l'esclavage, lui qui, en tant que force libérale, défendait les causes françaises et contribua au mythe de la République généreuse envers ses colonies et aussi au mythe du "bon maître Schœlcher, le libérateur" qu'il était nécessaire de perpétuer aux Antilles,

---

[57]   Voir ci-dessous le chapitre sur "Le siècle oublié."

toujours dans le même souci d'assimilation et de falsification historique.

Ainsi toutes ces figures étudiées et de dimension mythique incarnent bien une "répétition rythmique avec de légères variantes d'une création."[58] Ces figures sont également la matière des contes, récits et histoires et tiennent ainsi du discours et du symbole, car "tout mythe est une recherche du temps perdu."[59] Notons aussi que ces figures locales sont toutes mortes en 1802, se répétant ainsi même dans la mort, elles qui venaient de lieux et de groupes sociaux si différents. D'autre part, Delgrès venu de Martinique représentait déjà une complicité et solidarité inter-îles, comme ces figures d'ailleurs qui directement ou indirectement ont aussi marqué l'histoire guadeloupéenne.[60] Elles préfiguraient les dialogues et autres nombreux échanges qui s'établiront tout au long de l'histoire antillaise. Ainsi tandis que Tirolien retrace la vie de Delgrès dans sa pièce poétique, Sony Rupaire lui aussi le salue, Max Jeanne remet de l'ordre dans le film westernisé de toute l'histoire de l'île, et Simone Schwarz-Bart évoque la situation contemporaine des travailleurs haïtiens en Guadeloupe, comme pour continuer le dialogue établi par Dessalines qui envoya un message de soutien à Delgrès alors qu'ils luttaient contre les forces napoléoniennes.[61]

Par l'intermédiaire de l'imaginaire et de la mémoire collective, ces ancêtres antillais et métropolitain, et les nombreuses autres figures, sont bel et bien à l'origine des grands thèmes de nombreux textes de la littérature écrite par les gens de couleur. Et ce faisant, ils vont à leur manière, caractériser l'un des nombreux visages de la littérature guadeloupéenne que nous appelons "la vision des enfants de Delgrès et Solitude" qui s'avère être différente de celle de "la vision des maîtres," c'est-à-dire celle des premiers écrivains, les békés, dont les missionnaires, qui faisaient

---

[58] Gilbert Durand, *Les Structures anthropologiques de l'imaginaire*, Paris, Dunod, 1984, p. 417.

[59] Levi Strauss, cité dans *Les Structures anthropologiques*, p. 433.

[60] Nous pensons à Toussaint Louverture dont l'action eut d'importantes répercussions en Guadeloupe.

[61] *Ton beau capitaine*, Paris, Seuil, 1987.

partie de la classe des esclavagistes et de leurs descendants. Cette dernière vision se caractérise, selon nous, par une sorte d'extériorité par rapport aux événements qui ont si profondément marqué les populations d'origines africaines et plus récemment hindoues, tandis qu'une certaine intériorité nous paraît habiter la première. Intériorité due en partie à l'importance des figures précédemment évoquées et dont la vie imaginaire et réelle qui leur est attribuée, contribue aujourd'hui à la divulgation ainsi qu'à la connaissance plus approfondie de l'héritage historique et héroïque de l'île. Par exemple, la lecture d'œuvres telles que *Demain Jab-Herma* ou *Sapotille et le serin d'argile* de Michèle Lacrosil, *Balles d'or* de Guy Tirolien, *Western* de Max jeanne, *Pluie et vent sur Télumée-Miracle* et *Ti-Jean l'Horizon* de Simone Schwarz-bart, *Il Pleure dans mon pays* et *Aurore* d'Ernerst Moutoussamy ou *L'Isolé soleil* de Daniel Maximin sont des textes qui mettent en scène l'histoire même de l'île à travers la représentation des diverses couches sociales: paysans, bourgeois, intellectuels, citadins, campagnard ainsi que les mouvements littéraires et autres formes de révoltes populaires ou artistiques. Ils participent en ce faisant à ce que nous nommons l'écriture de l'histoire de l'île dans la mesure où l'ensemble de leurs textes est une affirmation et une célébration de la lutte et du pouvoir des populations autrefois subjuguées. Il s'agit bien d'une célébration, car grâce aux retrouvailles des parents-ancêtres (mère et père) il s'est produit une prise de conscience du réel après le retour mythique à certaines origines et à travers ces textes qui sont bien les médiateurs des mythes dans la mesure où le mythe se retrouve dans la fiction, tout comme la réalité d'ailleurs. Nous pensons ici à l'épopée de *Ti-Jean l'Horizon*, à *Heremakhonon*, à *Juletane*, par exemple, chacun de ces textes pouvant être pris comme une purge thérapeutique, qui aide à couper le cordon ombilical d'avec la mère Afrique, tout en procédant à une sorte de réconciliation avec elle. Dès lors la Guadeloupe est alors retrouvée, acceptée avec ses contradictions, sa multiplicité, avec ses propres héros et héroïnes, avec ses contre-héros et héroïnes aussi. C'est aussi l'affirmation de son existence au sens philosophique du mot, car du statut d'esclave on est passé à celui de citoyen, d'Antillais, de Guadeloupéen libre et désireux de connaître et surtout d'écrire son histoire oui, mais de l'écrire de l'intérieur.

Chapitre III
Le Paysage

> *A cette heure, sereine comme une vieille*
> *Da fumeuse de pipe, la Soufrière assiste au*
> *coucher du soleil....*
>
> Daniel Maximin

Si nous associons aussi intimement l'île elle-même aux différentes figures que nous allons évoquer, c'est qu'elle participe non seulement à une forme de parole sacrée mais aussi à la parole écrite dans la littérature contemporaine. Ceci est dû à son caractère hautement spirituel, sa force et son rôle crucial dans la vie et la survie des ancêtres et de la population d'aujourd'hui. Quels que soient les auteurs, l'île occupe une place privilégiée dans leurs textes. Elle est le parfait miroir des populations par ses origines résultant des nombreux traumatismes qu'elle a subis depuis la conquête et le viol originel par les Européens. C'est donc un être vivant dont la construction est d'une grande complexité, due aux divers chocs et contacts des cultures qui ont chacune à leur manière contribué au paysage actuel. Les groupes ethniques, arrivés là de force ou de gré, ont tous emporté avec eux leurs bagages spirituels, culturels, intellectuels et agricoles. C'est ainsi que dans la flore et la faune elles-mêmes, nous trouvons des espèces totalement étrangères au départ à la région caraïbe, tout comme la composition de sa population.

Quel visage avait l'île avant l'arrivée des conquérants européens? En moins d'un demi-siècle après leur arrivée, la population autochtone avait été remplacée par les nouveaux venus conquérants et esclaves. Mais bien des éléments des cultures arawak et caraïbe autochtones devaient tout de même survivre à leur quasi extermination. La dépopulation était due surtout à la conquête/viol, aux maladies importées, aux nombreux suicides et au marronnage vers les autres îles. Les premiers arrivés, Européens comme Africains, auront certainement connu l'île dans un état fort différent de celui que nous connaissons aujourd'hui, qui ne tarda pas à se métamorphoser avec les nombreux apports venus d'Europe, d'Afrique, d'Inde ou du Moyen-Orient. Tantôt il y eut syncrétisme, tantôt simple juxtaposition ou intégration partielle des divers éléments importés ou transbordés.

Quand nous disons que l'île participe en tant que personnage c'est au sens propre du verbe, car que ce soit par la voix du volcan, de la mer, de la terre ou de l'air, elle a toujours entretenu une sorte de dialogue plus ou moins violent avec les populations, dialogue clair pour certains, mystérieux pour d'autres. Ainsi très souvent le calendrier pour les habitants est-il un calendrier naturel: l'année du grand cyclone, du raz de marée, de l'éruption du volcan ou de tel tremblement de terre. Ces cataclysmes vont de pair avec les révoltes et autres insurrections de l'histoire et font partie de l'intimité et de la mémoire collective. Les violences naturelles répondaient aux violences des esclavagistes et quelquefois aidaient même les révoltés. Les nombreuses violences du volcan font constamment écho à celle de "la grande lumière du Matouba" avec Delgrès.[62] La résistance et la survie à la

---

[62] Nous revient en mémoire la Montagne Pelée en Martinique qui elle aussi décida de voter en 1902, avant les élections, emportant toute la ville de Saint-Pierre, à l'exception d'un prisonnier.

violence cataclysmique de l'île devient une métaphore pour la
résistance perpétuelle dont fit preuve les populations esclaves et
libres, résistant à la soumission, la violence des maîtres, la
violence de la nature aussi. Cette résistance semble aller très loin
et s'allier à la politique-même.[63] On peut noter que l'instabilité
naturelle et géologique de cette "île à volcan" renvoie
parallèlement à celle de la situation politique et sociale quant aux
conflits vis-à-vis de la métropole, comme à ceux dans le passé des
autres puissances européennes alors désireuses de s'approprier
l'île.[64] Elle est le lieu de référence commun pour les écrivains et
les écrivaines bien qu'étant représentée et vécue de façons
différentes par chacun. C'est leur histoire personnelle qui
déterminera la vision particulière de la réalité ou l'imaginaire de
l'île que nous retrouvons dans leurs textes.

En effet après les pétroglyphes amérindiens, les premiers
documents écrits sur l'île remontent à l'époque de la colonisation
par les Européens à la fin du XVIIe siècle.[65] Les auteurs de ces
relations, chroniques, ouvrages historiques, récits de voyages,
descriptions géographiques et autres textes étaient les
chroniqueurs, les pères blancs, les missionnaires et les autres
rédacteurs officiels de leurs différents ordres, les commis et
écrivains qui se rendaient aux îles. Régis Antoine en a fait le
recensement dans son étude sur *Les Ecrivains français et les
Antilles.* Ce ne sont pas ces textes que nous nous proposons
d'examiner dans le cadre de cette étude mais plutôt ceux des
écrivains et écrivaines de couleur. Notons toutefois que les
premiers écrits békés vantaient pour la plupart les délices de leur
vie paradisiaque, eux dont la majorité était issue des familles
riches de l'île, toutes propriétaires d'esclaves et qui jouissaient de

---

[63]   Ainsi du temps de De Gaulle, il semble que chacune de ses visites dans le
département ait été aussi marquée par la voix d'un cataclysme naturel.

[64]   L'île avant d'être territoire français fut aux mains des Anglais et des
Espagnols.

[65]   Il existait des traductions en français de chroniques italiennes et
espagnoles; sur ce sujet voir l'ouvrage de Régis Antoine, *Les Ecrivains
français et les Antilles*, Maisonneuve et Larose, Paris, 1978, chapitre I.

tous les privilèges attachés à leur classe dominante.[5] Tous ces écrivains évoquaient la nature avec force détails dans leurs descriptions de la faune et de la flore, dans ce qu'elles avaient d'exotique pour les métropolitains ignorant tout du monde tropical. C'était davantage une sorte de "guide de l'émigrant" qui servait la politique de colonisation et de peuplement des autorités, en décrivant ces terres comme des endroits merveilleux où l'on faisait fortune et où régnait une éternelle douceur de vivre. C'était également le bien fondé de l'institution de l'esclavage, bien que condamné à longue échéance, ainsi que les vertus qui en résultaient qui étaient de la sorte montrées aux compatriotes de la métropole.

Les premiers écrivains de couleur ont eux aussi décrit leur paysage. C'étaient surtout l'œuvre des métis qui avaient été envoyés en France pour faire leurs études, tel que Privat d'Anglemont, né en 1815 à Sainte-Rose. L'attitude de cette élite de couleur était généralement condescendante envers leur compatriotes noirs et les gens du peuple et ils s'assimilaient totalement aux blancs, pensant s'être démarqués de la "sauvagerie" des nègres par leur éducation.[6] Cependant ces auteurs qui écrivaient avant tout pour eux, pour affirmer et crier en quelque sorte leur propre existence, étaient aussi les peintres de leur paysage et de leur mode de vie. Plus tard, André Thomarel, né à Saint-Claude en 1893, publiera *Parfums et saveurs des Antilles* en 1935, dont le titre annonce on ne peut mieux la couleur de l'œuvre. L'évocation de la pomme-cannelle, fruit tropical, va éveiller en lui les souvenirs d'une femme aimée.[7]

---

[5]   Voir l'œuvre de Poirié de Saint-Aurèle dont *Veillées des tropiques,* publiée en 1850; également celle de Nicolas-Germain Léonard, qui toutefois ne manqua pas de critiquer ses compatriotes et condamner l'esclavage dans sa *Lettre sur un voyage aux Antilles*, où il affichait ses idées libérales dans ses descriptions critiques des mœurs békées ou son poème "Saisons" où il dénonce la condition des esclaves. Il est resté l'un des rares de sa caste à lutter, du moins dans ses écrits, contre le sort des esclaves.

[6]   Voir Jack Corzani, ed., *Prosateurs des Antilles et de la Guyane françaises,* Fort-de-France, Editions Désormeaux, 1971, pp. 125-129.

[7]   Thomarel a aussi écrit: *Amours tropicales*, Paris, Editions du Scorpion, 1960 et *Les 1001 contes antillais,* Casablanca, Imprimerie Cigefram,

aimée.[68] Jean-Louis Baghio'o dans ses poèmes comme dans ses œuvres en prose, décrit entre autres, la luxuriance de l'île. Florette Morand, née en 1937, évoque elle aussi son île natale. Ainsi dans "Un petit garçon disait:"

> Le torse nu dans la campagne avec ma cour
>   de moricauds,
> J'étais plus heureux qu'un "gros cap."
> Je connaissais l'heure à l'ombrage
>   m'accompagnant sous le soleil;
> Ma soif apprit le goût des cannes et
>   l'âpre fraîcheur de la mare
> aspirée au bout d'une paille.
> Mes pieds épousaient les labours quand,
>   à la ronde, je tendais le
> rhum et le brandon des pipes, les jours
>   de 'convoi,' dans nos
>   terres
> Et dans votre ville—sans herbe, sans
>   oiseaux, sans champs, sans
>   veillées—où le soleil même est blessé
>   J'ai trop mal à mes souvenirs.[69]

Bien que ces écrivains se complaisent eux aussi dans un certain exotisme, ils reconnaissent et décrivent leur île dans son originalité, avec force détails de couleur locale.

Plus récemment, pour beaucoup d'écrivains et d'écrivaines, l'île et ses divers cataclysmes naturels est vue encore davantage comme la figure emblématique et la parfaite métaphore pour la résistance du peuple guadeloupéen. La complexité et les conséquences non moins diverses de la violence des éléments naturels de l'île reflètent la vie paradoxale de sa population et sa lutte pour la résistance: Amérindiens en lutte contre les colons européens, Marrons et esclaves africains contre les maîtres esclavagistes, plus tard les nouveaux libres et leurs luttes pour la

---

[68]   Thomarel a aussi écrit: *Amours tropicales*, Paris, Editions du Scorpion, 1960 et *Les 1001 contes antillais*, Casablanca, Imprimerie Cigefram, 1951, où il décrit les mœurs locales.

[69]   Florette Morand, *Feu de brousse*, Montréal, Editions du Jour, 1967.

citoyenneté, enfin celles pour la départementalisation, l'autonomie, l'indépendance, la reconnaissance des cultures autochtones, etc. L'île et son inéluctable calendrier catastrophique reste toujours le point de référence, ainsi le Cyclone de 1928, tant de fois évoqué dans les textes. D'ailleurs ce cyclone est présent dans la mémoire de tout Guadeloupéen comme s'il avait été intrinsèquement vécu par toutes les générations qui ont suivi. Il y en a eu bien d'autres tout aussi dévastateurs depuis, mais celui de 1928 a gardé une place toute spéciale en Guadeloupe. Résistance à la nature, survivance, lutte et surtout espoir toujours présent, voilà ce que disent les diverses voix du paysage guadeloupéen, et ces mêmes caractéristiques se retrouvent dans les textes qui parlent des femmes de l'île dans son histoire. Les titres-mêmes de certaines œuvres en disent très long sur cette résistance, ainsi *Pluie et vent sur Télumée-Miracle*, *Le Flamboyant à fleurs bleues*, *Cette igname brisée qu'est ma terre natale*, *L'Isolé soleil*, *Soufrières*, *L'Ile et une nuit*, etc. Le paysage devient un véritable personnage avec lequel il faut absolument compter. Dans la plupart de ces textes, la place des femmes est centrale et les auteurs, hommes et femmes le reconnaissent. Souvent d'ailleurs elles sont associées à des métaphores du paysage ce qui fait que l'écriture du paysage se trouve, à sa façon, inscrite dans l'écriture de la femme.

Deuxième partie:

Kouté pou tann!
ou l'écriture de l'histoire

Chapitre IV
La Femme

> *Les vents d'est, du nord, les tempêtes, m'ont*
> *assaillie et les averses m'ont délavée, mais je*
> *reste une femme sur mes deux pieds....*
>
> *Simone Schwarz-Bart*

L'écriture de la femme représente une vaste partie du corpus littéraire guadeloupéen, telle que l'évocation des ancêtres et de celles qui ont participé aux luttes (Solitude), de la grand-mère conteuse, des héroïnes contemporaines (Gerty Archimède), ou encore d'autres moins connues (Léonora).[1] Ceci explique en partie les nombreuses femmes qui sont entrées et entrent chaque jour en écriture pour dire les figures féminines qui les ont

---

[1] Voir le tout récent ouvrage de Lucie Julia sur Gerty Archimède. D'autre part la figure de la conteuse influencera aussi les autres groupes ethniques de l'île dans la mesure où elle aura pris part à leur éducation, par le biais des histoires entendues, racontées aussi aux enfants des maîtres.

soutenues, et pour se dire elles-mêmes aussi.[2] Ces femmes représentent les potos-mitans de toute une partie de la culture antillaise, car, comme le dit dans son journal le personnage de Siméa, dans *L'Isolé soleil*:

> Vous faites le tri parmi nos ancêtres esclaves pour ne chanter que les révoltés. Vous faites le tri parmi nos paysages et taisez les mangroves au profit des volcans. Vous nous faites inspiratrices au départ de vos actes et consolatrices à l'arrivée, mais nous sommes absentes des chemins de votre mâle héroïsme. Poètes, vous trichez...[3]

Car de même qu'il faut essayer de comprendre ceux et celles qui se trouvaient dans le camp de la répression et non du côté des insurgés et révoltés, il est également crucial de montrer que les femmes guadeloupéennes ont bien participé aux luttes libératrices. Et dès que les populations de couleur ont eu accès à l'écriture, elles ont été présentes et elles continuent d'être à l'avant garde de l'expérience littéraire contemporaine. Conrairement à ce qui se passait en Europe où les hommes étaient traditionnellement ceux destinés à acquérir une bonne éducation, en Guadeloupe, les femmes aussi tenaient à s'inscrire dans les écoles dès que l'occasion se présentait. Leur constante participation dans la vie sociale et politique leur a très tôt ouvert des portes qui généralement leur restaient fermées dans d'autres sociétés. Le rôle d'éducatrice qui fut le leur sous l'esclavage de même que leur rôle actif dans les luttes et révoltes pour la liberté ont fortement contribué à la place importante qu'elles assurent aujourd'hui dans la sphère littéraire. L'une des pionnières fut Suzanne Lacascade qui dès 1924, publie un roman *Claire-Solange, âme africaine* où l'héroïne, Claire-Solange Hacquart, jeune métisse, a une passion: "défendre, glorifier la race noire." Elle s'adresse à sa tante, blanche, sœur de son père:

> Je suis Africaine (...) Africaine par atavisme et malgré mon hérédité paternelle! Africaine comme celle de mes aïeules, dont nul ne sait le

---

[2] Voir Gerty Dambury, Gisèle Pineau, Sonya Catalan ou Odet Maria, cette dernière dont l'ouvrage s'intitule *Une Enfance antillaise, voyage au fond de ma mémoire*, Paris, L'Harmattan, 1992.

[3] *L'Isolé soleil*, p. 149.

nom sauvage, et que la traite fit échouer esclave aux Antilles, la première de sa race.[4]

Puis après avoir renié ses aïeules blanches, elle leur reproche de "se représenter les créoles d'après la littérature. Oui, je vois ça, les fadaises de Virginie, les langueurs d'Indiana…."[5] En fait, ce roman bien que très peu connu à l'époque, s'inscrit dans le courant de pensée qui va progressivement mener aux revendications de la Négritude. Et donc il peut être considéré comme l'ancêtre et comme un jalon important dans l'histoire littéraire guadeloupéenne de même que dans la genèse de la Négritude.[6] Le texte de Lacascade provoqua d'ailleurs des réactions telles que l'auteur, devenue *persona non grata*, dans les cercles intellectuels, dut quitter la Guadeloupe, preuve que les esprits n'étaient pas encore tout à fait prêts pour un tel discours qui louait tant l'Afrique. Plus tard Claire-Solange, métisse fière de ses ascendances africaines, se révolte contre les modes venues d'Europe et adopte une attitude non conformiste. Arrivée à Paris, elle lutte contre l'imposition qui lui est faite de la culture française, contre tout ce qu'on lui a appris aux îles et surtout contre les injustices commises aux Antilles en faisant constamment preuve d'une conscience raciale inattendue pour l'époque et le milieu où elle évolue. Cette revendication africaine est aussi celle d'une Afrique mythique, qui rappelle celle des Marrons nobles, l'Afrique des princes, de la royauté et des grandes dynasties. Cette nouvelle affirmation et cette reconnaissance positive du continent africain alors prônées par Lacascade vont petit-à-petit poursuivre leur chemin et contribuer à effacer les sentiments de honte et les nombreux complexes qui jusqu'alors dominaient la plupart des consciences de couleur. Comme l'héroïne de Suzanne Lacascade, les écrivains guadeloupéens de ce que nous appelons la révolte américaine, i.e. la Négritude ont essayé dans leurs écrits de

---

[4] Suzanne Lacascade, cité dans Jack Corzani, *Prosateurs des Antilles et de la Guyane françaises*, Fort-de-France, Désormeaux, 1971, p. 225.

[5] *Prosateurs des Antilles*, p. 226.

[6] Sur la genèse de la Négritude, voir entre autres, Martin Steins, "Jeunesse nègre" dans *Neohelicon IV*, pp. 91-121.

présenter une autre image que celle que la population de couleur avait d'elle-même.[7] Comme Claire-Solange, ils vont quelquefois exalter eux-aussi une royale hérédité africaine. A l'époque, un tel discours (celui du retour aux sources, de l'Afrique, de la revalorisation de la race noire et de ses civilisations) a dû surprendre beaucoup des descendants de la diaspora encore sous le choc et profondément affectés par les séquelles de plus de deux cents ans d'esclavage et pour qui ces propos étaient des plus nouveaux. En fait un tel discours reprenait et prolongeait celui de ceux et celles que symbolisait l'action des grandes figures de l'histoire guadeloupéenne: Delgrès, Ignace, Solitude, les Marrons. Cette revalorisation se situe dans la même ligne que celle de ces figures qui, à leur façon et depuis toujours, disaient "non" à l'Occident au risque de leur vie, s'affirmaient, indépendamment des maîtres et colons, pour la sauvegarde de leurs libertés et de leurs idéaux.

Plus près de nous et dans la même veine, Simone Schwarz-Bart dans son ouvrage *Hommage à la femme noire*, honore certaines guadeloupéennes (dont l'actrice Jenny Alpha, la Reine des cuisinières Violetta ou Gerty Archimède), leur biographie montrant bien le rôle important qu'elles ont joué, et ces mêmes noms se retrouvent sous la plume des romancières et romanciers. Il faut toutefois remarquer que des ouvrages tels que *Sé kouto sèl* et *Les Sœurs de Solitude*, publiés avant l'*Hommage* et bien que relevant surtout de la sociologie, ont également contribué au développement de l'intérêt actuel de plus en plus grand pour la situation des femmes dans l'île.

Bien avant ces études féminines, Michèle Lacrosil dans *Cajou* (1961) et *Sapotille et le serin d'argile* (1960) évoquait la situation de la femme antillaise en face des problèmes de races dans la société de couleur gaudeloupéenne-même. L'œuvre d'André et de Simone Schwarz-Bart (*Un Plat de porc aux bananes vertes*, *La Mulâtresse Solitude*, *Pluie et vent sur Télumée-Miracle*) mettent en scène respectivement la misère (avec l'histoire de Mariotte, vieille Antillaise dans un asile de

---

[7] Nous pensons surtout à Guy Tirolien et Paul Niger qui dans leurs poèmes abordaient ces questions.

veillards parisien), l'histoire de Solitude sous l'esclavage et le récit de générations de femmes et leurs luttes pour survivre dans la dignité. D'autres romans encore présentent une expérience plus intime comme *Mon Examen de blanc* (1972) de Jacqueline Manicom, où l'on suit la prise de conscience de l'héroïne, Madévie, qui après une véritable descente aux enfers où elle lutte contre l'assimilation et l'oppression coloniale vécues avec Xavier, retrouve peu à peu son identité et son île Marie-Galante avec ses paysages. Maryse Condé dans *Pension Les Alizés*, présente une femme qui réfléchit sur sa vie passée. *Mélody des faubourgs* (1989) de Lucie Julia, décrit l'adaptation d'une jeune-fille de la campagne à la vie des faubourgs de Pointe-à-Pitre, tandis que *Les Gens de Bonne Espérance* (1982) se déroule à la campagne. Ces deux romans mettent en scène des femmes ouvrières et dockers issues du petit peuple dans le quotidien de leur "vie simple et dénudée": l'angoisse des femmes attendant le retour des hommes partis se battre en Algérie, les questions de l'autonomie, de la fermeture des usines, de la désertion des campagnes faute de travail, de la situation de dépendance économique envers la France ou encore de la couleur de la peau, y sont également abordées. D'autres encore placent la femme en face des violences naturelles des éléments comme Eliette, Rosette et Angela dans *L'Espérance macadam* de Gisèle Pineau et Marie-Gabriel dans *L'Ile et une nuit*. Avec *Léonora* de Dany Bébel-Gisler, c'est tout-à-fait l'histoire "enfouie" (au sens propre du terme) de l'île qui est contée par une Guadeloupéenne, une ancienne qui raconte l'histoire du pays telle qu'elle l'a vécue. Chez Myriam Warner-Vieyra, on trouve surtout la vie des Antillaises qui se sont retrouvées sur le continent ancestral et qui ont dû confronter des civilisations et coutumes tout-à-fait étrangères aux leurs: voir par exemple *Juletane*, *Le Quimboiseur l'avait dit* et certaines nouvelles de *Femmes échouées*, ce dernier titre étant on ne peut plus évocateur. Maryse Condé a elle aussi bien exploré ce thème de l'Afrique dans ses premiers romans, où Véronica, l'héroïne de *Heremakhonon*, (1976) avoue s'être trompée d'aïeux en les cherchant en Afrique. Pour Marie-Hélène dans *Une Saison à Rihata* (1981), il en sera de même. La politique, et toutes ses intrigues, tient donc aussi une grande place dans la vie de ces divers personnages féminins.

Enfin, plus récemment d'autres voix sont venues se joindre au concert de celles déjà bien établies. Par exemple Gerty Dambury, Sonya Catalan, Marlène Hospice, Odet Maria, de même que Gisèle Pineau mettent en scène diverses femmes du peuple et autres héroïnes. Toutes ces évocations de vies de femmes ont beaucoup facilité une prise de conscience de la place de la femme dans la société guadeloupéenne contemporaine, mais surtout la diversité de l'expérience et du monde des femmes est devenue de plus en plus évidente. Il n'y a plus d'hésitation à célébrer telle ou telle parmi celles dont le rôle aura été crucial dans l'histoire (même récente) de l'île. Gerty Archimède est un bel exemple d'une femme contemporaine dont l'action pour l'émancipation de la femme est louée par les héroïnes de Lucie Julia. En ce faisant l'écriture de la femme s'inscrit bien dans celle plus globale de l'histoire (sociale et politique) de l'île, bien que là aussi, la femme ait été trop souvent oubliée et son action doublement passée sous silence.

Chapitre V
Le Siècle oublié

L'héroïsme est un arbre qui cache parfois la résistance des forêts.

Daniel Maximin

Par écriture de l'histoire nous entendons l'écriture de l'île du passé au présent, l'écriture du contemporain et du politique, et donc surtout l'écriture de l'affirmation de l'identité culturelle, sociale et politique guadeloupéenne. Cette écriture se situe dans le prolongement de l'écriture du passé (la forêt et ses arbres) et est l'œuvre des enfants de Delgrès et Solitude. Ces écrivains et écrivaines inspirées par leur liberté créatrice individuelle ont créé et continuent de créer une littérature qui fait écho à la lutte pour la liberté individuelle menée par les ancêtres libres et non-libres du temps de l'esclavage. C'est toujours la tradition marronne qui continue dans la volonté de célébrer ceux et celles qui ont participé et fait l'histoire de l'île et que l'on retrouve comme un leitmotiv dans la plupart de leurs textes. Nous allons maintenant examiner l'évolution de cette partie de l'histoire locale telle qu'elle se reflète dans la littérature contemporaine écrite par ces enfants de Delgrès et Solitude. Nous verrons tout d'abord comment ces arbres de la forêt historique guadeloupéenne n'ont pas toujours occupé dans la littérature, la place d'honneur qui leur est généralement reconnue aujourd'hui. Puis nous montrerons comment de plus en plus les nouvelles générations n'hésitent plus à représenter, de l'intérieur cette fois, et dans toute sa complexité, l'histoire locale de la population de couleur.

En effet jusqu'à une période relativement récente, les années soixante à soixante-dix, la plupart des principaux événements historiques évoquées dans les œuvres guadeloupéennes tournaient autour des luttes des Marrons, des révoltes d'esclaves, de la résistance de Delgrès contre les forces napoléoniennes et d'autres figures locales telle que Solitude. Donc généralement l'accent était mis sur la période de la première abolition (1794-1802), sur les révoltes et autres événements qui devaient mener à la deuxième, définitive cette fois, abolition de 1848, ainsi que sur la période d'après la départementalisation depuis 1946. Ce faisant, un certain nombre de figures historiques et d'épisodes qui avaient traditionnellement été volontairement "oubliés" dans les livres d'histoire de France traditionnels, étaient ainsi mis en lumière. Cette génération d'écrivains, à quelques exceptions près, était clairement attirée par les épisodes les plus héroïques et glorieux de l'histoire guadeloupéenne, certes, mais aussi par ceux plus douloureux qui témoignaient des souffrances et de la douleur passées. Ils voulaient rendre compte et décrire la réalité même dans ce qu'elle avait de plus horrible. En effet, ceux-ci révélaient le pouvoir du peuple, des anciens esclaves, le pouvoir des opprimés, ce qui aida à l'époque à renforcer certaines causes politiques telles que la lutte pour l'indépendance ou l'autonomie de l'île. Ainsi l'attention était très peu ou guère tournée vers la période d'après l'abolition de 1848. De façon encore plus significative, c'est toute la période entre 1848 et l'introduction de la départementalisation en 1946, autrement-dit, le Second Empire et la Deuxième et Troisième République, et que nous appelons "le siècle oublié."

Pourquoi ce siècle oublié? L'une des principales raisons d'un tel "oubli" réside dans le fait que ce siècle reste associé à la philosophie et la pratique de l'assimilation, doctrine qui date des vieux idéaux de la Révolution de 1789. En effet, depuis, la première abolition de 1793 les habitants, surtout les nouveaux libres, faisaient cause commune avec la tradition républicaine et jacobine française, pour la démocratie et contre l'esclavage et le pouvoir économique de la classe des grands propriétaires békés. Durant les cent années qui ont suivi l'abolition de l'esclavage, la France a toujours essayé d'imposer dans ses colonies les valeurs culturelles, éducatives et politiques de la métropole. La France représentait le flambeau de la liberté et la mère patrie pour laquelle des milliers de Guadeloupéens se sont battus et ont versé leur sang. Ce que recherchait la grande partie de la population de couleur à cette époque, c'était l'assimilation politique et sociale complètes à la France, c'était surtout d'être français et française comme les métropolitains. Mais en même temps, la Guadeloupe demeurait colonie et la France restait le pouvoir colonial opprimant. Cependant dans le désir et la quête d'assimilation, c'était une forme de la conscience nationale guadeloupéenne qui se trouvait sacrifiée, car on renonçait à une partie de son identité. D'où selon nous, une certaine réticence chez certains à évoquer cette période dans leurs textes de fiction.

Néanmoins, et comme Aimé Césaire le montre dans le *Discours sur le colonialisme*, assimilation et départemental-isation étaient des étapes nécessaires et importantes dans le développement historique des colonies. La longue période de la Troisième République a permis, entre autres choses, et pas seulement à l'élite locale, l'accès à l'éducation et l'expérience du monde politique qui devait s'avérer précieuse. Le bien-être matériel de la population s'améliorait, ce qui avait permis aux Antilles françaises de se démarquer de ses voisines plus pauvres, telles que Haïti ou la République Dominicaine. Car quand la départementalisation fut instaurée en 1946, tous les espoirs étaient permis, mais surtout la population avait alors pensé pouvoir atteindre un certain statut. Ce n'est qu'après les décennies de désillusion qu'il s'est avéré que toute intégration réelle et significative à la métropole était non seulement impossible, mais surtout non souhaitable, car dangereuse, en fin de compte. C'est alors que la question se posait de savoir s'il fallait vraiment être français et française comme les autres. Une partie de la population de couleur ressentait une certaine fierté quant à son héritage culturel distinctif, et voulait cesser d'être l'*Autre* pour enfin assumer sa propre destinée. Elle reconnaissait la multiplicité inhérente à la personnalité guadeloupéenne et une nouvelle génération d'écrivains et d'artistes, dont certains qui avaient beaucoup voyagé ou avaient poursuivi des études avancées, a vu le jour et donné une voix à cette population. Ainsi l'assimilation devait fournir non seulement un but à atteindre mais également des armes et des outils nécessaires. L'assimilation est un concept très complexe et si dans le contexte antillais il peut signifier, comme nous l'avons déjà noté, la mise à l'écart de certaines caractéristiques identitaires pour la population de couleur, il n'en demeure pas moins que l'assimilation, qui peut se manifester par le désir de bien s'habiller ou bien parler français par exemple, a représenté à l'époque, un signe de dignité, un certain statut social à atteindre. A la longue ces manifestations marquaient l'égalité et ne doivent pas être vues uniquement comme un signe d'aliénation, mais au contraire de domination, domination d'une langue que l'on fait sienne et qu'on parle bien souvent bien mieux que le colonisateur. D'où la nature double de l'assimilation, arme et outil à la fois.

Cependant considéré d'un point de vue strictement historique, le siècle oublié marque d'importants développements dans la politique coloniale qui devait mener l'assimilation à son apogée. On vit l'avènement d'une bourgeoisie locale indépendante, l'établissement d'une économie colonialiste et néo-colonialiste qui vit le déclin de l'industrie sucrière locale, le développement de l'impérialisme français en général ainsi que l'impact des réformes de l'enseignement de la Troisième République. C'était une époque de luttes et de souffrance. On pourrait alors penser que des événements comme l'éruption de la Montagne Pelée en 1902 ou encore le massacre de 10.000 soldats antillais pendant la Première Guerre Mondiale inspireraient amplement romanciers et romancières.

Et en effet depuis ces trois au quatre dernières décennies, des écrivains guadeloupéens se sont de plus en plus intéressés à ce siècle oublié, et révisent ainsi la vue plutôt eurocentrique de l'histoire de l'île et des Antilles françaises en général. Ce faisant ils créent une histoire proprement guadeloupéenne, véritable complément de celle de l'histoire coloniale officielle. A la lecture de ces œuvres guadeloupéennes, on peut noter une préoccupation commune pour l'expérience historique caraïbéenne globale. Les auteurs ont consciemment examiné les premiers textes et rapports des missionnaires français tels que ceux du Père Labat, du Père Dutertre et de l'Abbé Grégoire aussi bien que ceux des historiens plus récents tels que Lacour, Lara, Bangou etc. et aussi des archives coloniales nationales et locales. Mais surtout, ils fouillent au plus profond, comme nous l'avons vu, des riches sources de l'histoire populaire et orale, préservées dans la mémoire collective des populations. Par exemple, et ceci est un résultat direct de ces nombreuses interrogations et recherches, l'image traditionnellement positive de Napoléon a justement été réévaluée de même que celle de Schœlcher comme nous l'avons déjà noté plus haut. La participation effective des esclaves à leur libération est désormais chose reconnue et admise, et le 27 mai en Guadeloupe, comme le 22 mai en Martinique, est depuis devenu une fête importante qui célèbre Delgrès, le Matouba, les révoltes des ateliers, enfin les luttes victorieuses des esclaves pour leur libération. Cette fête et date nationale est hautement significative d'un point de vue historique et personnel pour la population de couleur et les héritiers de Delgrès, Ignace et Solitude.[1] Car les dates officielles des décrets d'abolition par les gouverneurs locaux perdent leur valeur quand on sait que ces mêmes gouverneurs durent en effet céder sous la pression des esclaves, qui se libérèrent avant les

---

[1]   Rappelons que Valéry Giscard-d'Estaing s'était opposé à reconnaître ces dates comme celles de l'abolition; il voulait que les dates parisiennes prévues officiellement soient retenues au lieu de celles imposées aux gouverneurs locaux par les esclaves eux-mêmes.

dates des gouverneurs. Le œuvres de Dany Bébel-Gisler, Max Jeanne, Lucie Julia, Daniel Maximin, Ernest Moutoussamy, Simone Schwarz-Bart, Guy Tirolien, parmi d'autres participent à ce processus à un degré ou à un autre. Ernest Moutoussamy décrit l'époque immédiatement après l'abolition de 1848 quand des milliers de nouveaux Africains, de Chinois et d'Hindous furent importés pour remplacer les anciens esclaves.[2] Dans *L'Isolé soleil*, les mouvements littéraires des années vingt et trente, dont la Renaissance de Harlem, le Congrès Pan-Africain, la naissance de la Négritude et la Dissidence sont évoqués, de même que les conséquences de la départementalisation de 1946. Les protagonistes refusent une certaine obsession du passé héroïque et mettent l'accent sur la complexité de l'histoire cachée de l'île et sur le rôle crucial des femmes dans l'histoire guadeloupéenne. Max Jeanne fait de même dans *Western*, où racontant toute l'histoire de l'île, il s'arrête, sarcastique, sur la conscription de 1914:

Verdun
La Marne
Après les balles coloniales françaises
les foncés d'outre-merde
font l'épreuve des fusils allemands (...)
Mais la saignée
continue
de plus belle
aux colonies
et foin d'armistice
à ton hémorragie séculaire
papillon sanglant
où jamais
au grand jamais
n'a pris racine
le flamboyant de la Liberté
1918[3]

---

[2] Voir le roman d'Ernest Moutoussamy, d'origne hindoue: *Il Pleure dans mon pays*, Désormeaux, Fort-de-France, 1979.

[3] *Western*, pp. 83, 85.

Que s'est-il donc passé pendant ce "siècle oublié" et qui a si souvent été perçu comme une période de honte? Tout commence avec l'abolition définitive de l'esclavage en 1848, à une époque où le capitalisme industriel se développait en France et où de nouvelles forces de travail étaient recrutées. Aux Antilles françaises, les anciens esclaves, nouveaux libres, fuyaient les plantations à la recherche d'occupations différentes. Ce qui avait forcé leurs anciens maîtres et propriétaires à se livrer à "l'importation", nouvelle traite déguisée, de milliers de nouveaux Africains, de Chinois et d'Hindous pour travailler leurs terres. L'une des conséquences a été la création d'une nouvelle classe de travailleurs exploitables et exploités qui acceptaient des salaires de misère, ce qui a contribué à la baisse générale de tous les salaires sur l'île. Cette situation à son tour devait provoquer rancœur et préjugés chez les nouveaux libres. D'ailleurs c'est précisément à cette période qu'ont été semées les graines de l'amertume et de la rivalité qui devaient exister entre les communautés noires et hindoues, jusqu'à très récemment. Lucie Julia nous fait revivre de tels événements dans *Les Gens de Bonne Espérance* et Ernest Moutoussamy dans *Il Pleure dans mon pays*.

En outre, l'économie post-esclavagiste ne prospérait pas. En fait, comme le prix du sucre était sensiblement tombé sur le marché mondial pendant la deuxième moitié du XIXème siècle, c'était plutôt la dépression économique, causée principalement par la compétition avec l'industrie de la betterave. Les petits agriculteurs et les travailleurs des villes (l'industrie était alors très peu développée) réagirent avec de nombreuses grèves. Il y avait les grèves de 1900 et 1910 que Lucie Julia raconte dans son œuvre.

Mais il existait bien d'autres souffrances encore. Les hommes étaient recrutés par l'armée française et envoyés dans des pays étrangers pour lutter pour la Mère Patrie et l'Empire. Le service militaire obligatoire qui avait été instauré en métropole en 1884, a été étendu aux colonies en 1911, et ce à la demande même des populations indigènes, toujours dans leur désir d'être reconnues comme françaises à part entière. Déjà bon nombre de

Guadeloupéens avaient participé à l'expédition de Louis-Napoléon au Mexique entre 1862 et 1867, se battant en fait contre un autre peuple opprimé. Quant à la Première Guerre Mondiale, c'était une autre grave affaire. Parmi les 50.000 soldats antillais envoyés en Europe, environ 33.000 d'entre eux (66%), furent des victimes (tués, disparus ou blessés), un grand nombre sur les plages des Dardanelles.

La situation pendant la Deuxième Guerre Mondiale fut un peu moins meurtrière mais beaucoup plus complexe. En 1939, la plupart des Antillais soutenaient le combat contre l'Allemagne, et furent d'autant plus étonnés par la défaite de la France en 1940 et la signature de l'Armistice par le Maréchal Pétain. Le nouveau gouvernement de Vichy, qui collaborait avec le pouvoir fasciste et proclamait des lois réactionnaires et racistes ne fit pas bon ménage avec les populations de couleur qui se sentaient plus à l'aise avec les valeurs de Liberté, Egalité, Fraternité qu'avec les slogans Travail, Famille, Patrie. De plus la marine française, sous l'ordre de l'Amiral Robert, et qui se trouvait détenue par les Forces Alliées dans les ports guadeloupéen et martiniquais jusqu'en 1943, agissait en fait en puissance d'occupation. Comme le dit Léonora dans *Léonora: l'histoire enfouie de la Guadeloupe*, "Ce gouverneur, il est venu nous fendre les reins, avec ses marins de la Jeanne d'Arc et leurs fusils."[4] La nourriture était rare et strictement rationnée et le récit de Léonora nous révèle que beaucoup de jeunes enfants et de personnes âgées sont mortes de faim. Les marins français étaient particulièrement durs avec les Dissidents et les Résistants et beaucoup parmi ces derniers fuyaient dans les îles voisines pour rejoindre le Général De Gaulle et la France Libre. Mais là ils se trouvaient devant un dilemme. Ils s'opposaient en effet à l'Amiral Sorin, gouverneur de la Guadeloupe rallié au Maréchal Pétain en France et cependant ils fuyaient, par le Canal de la Dominique et en prenant de grands risques, pour se battre pour leur patrie. Ils n'avaient pas encore la citoyenneté française, mais s'identifiaient quand même à la France. Ce n'est qu'après la guerre, comme le dit encore

---

[4] *Léonora*, p. 21.

Léonora, que "nous nous sommes trouvés 'assimilés'." La
période de Vichy, appelée "an tan Sorin" en Guadeloupe dura de
la fin avril 1940 à juillet 1943.[5] Elle fut vécue (et est toujours
ressentie par certains de l'époque) avec ressentiment et
ambiguïté ce qui fut pour beaucoup dans le désir et l'acceptation
de la départementalisation en 1946.

Le siècle oublié ne fut pas toutefois sans ses côtés positifs.
Dans le domaine de l'enseignement, l'école gratuite et obligatoire
fut instituée, l'un des accomplissements remarquables de la
Troisième République. Car auparavant, l'éducation était surtout
dispensée par les religieux ou dans des établissements privés et
était de la sorte réservé à une petite élite. Le premier lycée ouvrit
ses portes à Pointe-à-Pitre en 1883 et par la suite de nombreuses
écoles élémentaires virent le jour dans d'autres localités. Les
enseignants étaient guadeloupéens et métropolitains. Désormais
la route de l'éducation était ouverte et on notait dans la
population de couleur, une certaine euphorie à l'idée de pouvoir
acquérir un savoir qui jusque là n'était pas accessible. Ceux qui
réussissaient au baccalauréat pouvaient, quand cela leur était
possible, se rendre en France pour des études universitaires. On
vit petit à petit le développement d'une élite éduquée, dont les
femmes n'étaient pas exclues, qui prit part au renouveau
littéraire des années trente, tels que Suzanne Lacascade, Paul
Niger, Guy Tirolien. C'était également le temps de ce qui devait
devenir la Négritude et de la concrétisation d'une nouvelle
conscience politique qui peu à peu prenait forme dans la
population. Cela avait commencé depuis 1890 avec le
mouvement syndicaliste qui s'engageait dans les grandes grèves
des années de l'entre deux guerres et celles qui suivirent la
seconde guerre mondiale. Après la départementalisation,
travailleurs et travailleuses firent grève pour obtenir les mêmes

---

[5]   *Léonora*, p. 124. Sur cette période, voir Eliane Sempaire, *La Guadeloupe
      an tan Sorin 1940–1943*, Edouard Kolodziej, 1984 et *La Dissidence an
      tan Sorin*, Pointe-à-Pitre, Editions Jasor, 1989. En Martinique, ce fut l'an
      tan Robè, du nom de l'Amiral Robert. Voir le roman de Raphaël Confiant,
      Le Nègre et l'Amiral, Paris, Grasset, 1988 pour cette période.

bénéfices sociaux et économiques que leurs compatriotes métropolitains, telle que la sécurité sociale.

Auparavant le mouvement socialiste avec le journal *Le Peuple* de Légitimus, avait pris racine. C'est surtout après 1944 que le mouvement communiste prit de l'ampleur pour devenir une des forces les plus proéminentes depuis 1958. Toutefois, le socialisme et le communisme attiraient en grande partie la petite bourgeoisie assimilationniste, tels que les enseignants et les fonctionnaires. L'intérêt principal de cette bourgeoisie était surtout l'obtention de postes politiques et la défense des intérêts métropolitains. Elle ne s'identifiait pas à la lutte des travailleurs agricoles, comme il n'y avait guère de prolétariat industriel. Néanmoins, depuis la départementalisation, cette petite bourgeoisie domine encore la scène politique et une grande partie du secteur tertiaire.

L'assimilation, caractéristique dominante du siècle oublié, a donc eu ses bons et ses mauvais côtés. Et il est vrai que certains ont éprouvé ou éprouvent encore un sentiment de malaise ou de culpabilité devant cette période pleine de compromis et de déceptions. La population de couleur était fière de sa contribution au combat anti-fasciste, mais l'était bien moins du rôle qu'elle avait pu jouer à aider les forces libres françaises dans leur oppression d'autres peuples coloniaux de l'Empire. Une certaine amertume en résulta. Parents et grands-parents avaient versé leur sang et étaient morts pour la France, soit, mais qu'avait fait la France en retour pour ses colonies? Par conséquent, la difficulté ne réside pas dans le seul fait que les colonisateurs ont déformé d'importants pans de l'histoire locale. Il faut aussi reconnaître que la population elle-même avait un certain nombre de choses qu'elle souhaitait vivement oublier ou plutôt prétendre oublier. Certains auteurs guadeloupéens ont commencé à se rendre compte qu'une telle amnésie sélective n'est ni psychologiquement, ni culturellement saine. Une population vraiment consciente se doit d'examiner son passé, d'en tirer les enseignements qu'elle peut mais surtout de l'accepter tout entier, si elle espère atteindre à une vraie conscience nationale.

Ecoutons Léonora qui répond à quelqu'un qui était absolument contre toute évocation du passé de l'esclavage:

> Si tu n'as pas toi-même subi toutes ces atrocités, tu n'es pas obligé de haïr. Mais même si je le veux, je ne peux pas rayer l'esclavage, ça c'est réellement passé. Toujours cacher, cacher notre histoire![6]

Ce texte de Dany Bébel-Gisler et de nombreux autres encore témoignent de cette attitude, nouvelle pour certains. Dans leurs textes, écrivains et écrivaines ont la possibilité de ressusciter cette partie du passé très négligée, (glorieuse ou non), mais surtout de la transmettre de la sorte non seulement aux nouvelles générations, mais aussi à tous ceux et toutes celles qui l'ignoraient ou l'ignore encore aujourd'hui. En fait le résultat n'est pas uniquement thérapeutique dans la mesure où ces textes révèlent également toute la stratégie de survie qui existait alors. C'est an tan Sorin en Guadeloupe et surtout pendant la résistance au gouverneur, qu'on trouve paradoxalement certains des modèles d'un développement de l'économie locale qui est tant recherché aujourd'hui. En effet, la population a été forcée, à cause du blocus alors en vigueur, de se débrouiller et de tout faire pour subsister par ses propres moyens, et ce pour la première fois. Les résultats furent encourageants et il est évident que c'est une possibilité qui pourrait donc devenir réalité dans une Guadeloupe autonome ou indépendante. Finalement il existe un sentiment d'urgence, d'autant plus que la génération de ceux et celles qui étaient en âge de renseigner sur cette période d'avant 1946, est en train de s'éteindre elle aussi. Ce sont les seuls à avoir vraiment été les témoins des graves conséquences entre pays en voie de développement et pays développés de ces cinquante dernières années. Ils peuvent témoigner des changements importants qui ont mené du colonialisme au néo-colonialisme présent. Léonora se souvient qu'à l'époque, même des membres du Mouvement Rural de la Jeunesse Chrétienne (MRJC) exhortaient les Guadeloupéens à davantage compter sur eux-mêmes. Mais Léonora perdit vite ses illusions:

---

[6] *Léonora*, p. 242

Moi je crois qu'ils n'ont rien appris du tout, puisqu'ils n'ont pas continué. Ils étaient forcés, ils se sont débrouillés. Peut-être aussi qu'on leur a désappris de compter sur eux-mêmes. Il faut bien faire vendre les Prisunic![7]

Et donc en évaluant certaines stratégies sociales et politiques du passé, les écrivains présentent en même temps des comparaisons utiles pour le présent et à travers leur fiction contribuent d'une certaine façon à la formation d'une nouvelle conscience nationale. Redéfinir le rôle de l'histoire, comme l'a si bien dit Franz Fanon, est une partie essentielle du processus de libération. En Guadeloupe aujourd'hui, il existe un dialogue entre les écrivains et leur public. Le peuple guadeloupéen a acquis ou est en train d'acquérir un meilleur sens de son histoire et de la façon dont les luttes privées ou personnelles font bien partie d'une lutte collective beaucoup plus large. Une nouvelle conscience est susceptible de provoquer quelque changement social, et ce, même si la Guadeloupe reste rattachée à la France. Les appels à l'autonomie politique ou à l'indépendance sont en grande partie soutenus par une partie de l'élite intellectuelle. Néanmoins, la plupart de la population, en dépit de son attachement à l'assistance sociale procurée par la France, partage toutefois une fierté commune de la spécificité culturelle de l'île et aspire au moins à une indépendance spirituelle, culturelle.

Les écrivains adoptent une variété d'approches pour essayer de corriger ce qui est perçu comme préjugés ou lacunes dans les exposés historiques classiques émanant de la métropole. Certains ont examiné des documents historiques primaires, tels que les documents gouvernementaux ou les décrets et rapports militaires pour les intégrer dans leur fiction afin de renforcer la validité de leurs arguments. D'autres laissent à leurs personnages le soin de raconter et re-raconter l'histoire par le biais de dialogues ou d'échange de lettres. D'autres révèlent ce savoir à travers dialogues, lettres, journaux intimes, photographies ou anecdotes. Pour d'autres encore il s'agit d'une dimension mystique. De la sorte, ces exposés viennent renforcer les récits populaires historiques de la tradition. La juxtaposition de ces

---

[7]   *Léonora*, p. 125

différentes narrations personnelles et détaillées, de ces sketches autobiographiques, de ces sentiments et pensées remémorées, ajoutée à l'évocation des désirs inconscients contribue à donner au public qui lit ces textes une vision beaucoup plus large grâce à la recréation de l'expérience passée. Tout ceci confère non seulement une certaine légitimité culturelle et politique aux divers éléments de la mémoire populaire, mais aussi permet de précieuses comparaisons intergénérationnelles, car la production sociale de la mémoire, comme elle existe dans la vie quotidienne et la conversation, représente une source constante pour la connaissance du passé et du présent. D'une certaine façon, nous avions affaire à une histoire préservée, d'une histoire étouffée, véritablement réduite au silence, car peu nombreux étaient ceux qui avaient eu la possibilité de s'exprimer ou d'exprimer leur mémoire historique.

Tout au plus, dans leur souci de réévaluer leur histoire, ces générations d'aujourd'hui ne ressentent pas le besoin de se sentir responsables ou coupables de l'assimilation ou la département-alisation. Même plus, elles peuvent clairement et ouvertement mettre l'accent sur l'an tan Sorin, bien qu'il ait signifié racisme et crise économique grave. Et si communément nous entendons dire qu'an tan Sorin, la population savait mieux se débrouiller qu'aujourd'hui, cela traduit bien la complexité de la situation où le néo-colonialisme a pu mener. Mais il serait bon aussi d'inspirer, de promouvoir et de développer une compétence autochtone et d'avoir une production plus locale au lieu d'être constamment assisté et obligé de dépendre complètement de la France.

D'autre part, dans cet effort de comblement de l'histoire et de la mémoire, de nombreuses écrivaines (et écrivains aussi) font parler les femmes, les voix de la génération de leurs grand-mères qui donnent ainsi leur perspective sur cette période où elles jouèrent un grand rôle qui fut longtemps négligé lui aussi. Traditionnellement, les femmes ont été et sont encore les gardiennes de la culture populaire, de l'histoire populaire et de la généalogie familiale. Il n'est donc pas surprenant que les écrivaines et poétesses se retrouvent au premier rang dans la tâche que représentent la préservation et la dissémination de l'histoire. Les textes de Simone Schwarz-Bart, Lucie Julia et Dany Bébel-Gisler reflètent bien cette situation.[8]

Le départ des hommes en Dissidence, les nombreux morts parmi ceux qui étaient allés combattre pour l'Alsace et la Lorraine, le débrouillardisme pour survivre an tan Sorin avec la faim, la maladie ou le blocus, l'éducation des enfants et des femmes, les grèves, sont tous des événements qui rythment les histoires et récits de vie de la plupart des héroïnes de ces textes. Puis sur ces événements vient se greffer un autre rythme extérieur à l'île celui-là, à savoir les guerres, l'occupation, la répression, les cyclones, Ainsi ces femmes se révèlent être à leur manière, non seulement des personnages multi-dimensionnels, mais de plus elles manifestent une conscience politique et sociale originale et forte.

Les auteurs ont différentes raisons pour se servir de l'histoire de telle ou telle manière, mais fondamentalement, leur désir est de toucher ou de communiquer avec une population si souvent considérée comme *autre* dans une île si souvent traitée comme un *ailleurs*. Il sera donc important de considérer comment le public reçoit ces œuvres littéraires, d'étudier leurs effets sur les Guadeloupéens dans l'île et aussi sur ceux résidant en France et les expatriés d'ailleurs. D'une manière générale, nous pouvons affirmer que ces textes ont tous contribué à rétablir un certain respect de soi, à restaurer le sentiment d'une identité propre dans la population de couleur. Lire des aventures de Ti-Jean ou revivre l'expérience de Léonora ou Télumée-Miracle, (toutes présentées de façon positive, sans honte aucune) cela peut aider à "décoloniser l'esprit", à redéfinir certains termes et concepts. En même temps, cela aide à en élaborer de nouveaux, plus conformes à la nouvelle conscience nationale, ce qui permet de renforcer la mémoire collective du peuple à travers la résurgence d'archétypes culturels variés, autrefois plus ou moins enfouis dans la mémoire populaire, comme le témoigne le sous-titre du récit de Léonora, *L'Histoire enfouie de la Guadeloupe.*

---

[8] Odet Maria, évoque aussi dans un style différent quelques épisodes de ce siècle oublié dans *Une Enfance antillaise.*

Cependant il faut noter que bien que la nouvelle génération d'écrivains ne prétende pas être des historiens au sens propre du terme, elle est toutefois engagée dans une importante dialectique et un dialogue avec la population. Les questions traitées dans leur fiction sont celles, glorieuses et douloureuses, du passé ainsi que les nombreuses interrogations du présent. Tous et toutes proposent des points de vue, des visions et des révisions de l'histoire, tout en répondant aux espoirs et aspirations du lectorat mais aussi de la population de couleur en général. On note d'autre part dans beaucoup de textes récemment publiés, une ouverture, un nouvel intérêt, et une préoccupation en ce qui concerne le monde extérieur, et ses rapports avec la Guadeloupe. Il s'agit d'une ouverture non plus seulement vers l'Afrique et la France, mais aussi vers l'Amérique centrale, l'Amérique Latine et les Etats-Unis. Nous pensons à des textes qui montrent ce nouvel engagement et dont les personnages évoluent dans ces différents lieux, tels que *Moi, Tituba, sorcière noire de Salem, Traversée de la mangrove, L'Isolé soleil, Ton Beau capitaine*, C'est un peu comme si une étape ayant été franchie désormais on se sent plus libre d'explorer et confronter d'autres horizons, surtout quand il s'y trouvent aussi des éléments communs à la culture de l'île.[9] Donc il s'agit ici d'une tendance assez récente et nous pouvons dire que dans son ensemble et à travers ses thèmes, la littérature guadeloupéenne des héritiers de Delgrès et Solitude est une littérature de l'intériorité, dans la mesure où elle célèbre le passé caché, douloureux comme victorieux, de l'île et surtout sa population de couleur.

---

[9] Ainsi *Moi, Tituba* se déroule aux Etats-Unis et *Ton Beau capitaine* met en scène Haïti et la Guadeloupe.

Chapitre VI
Littérature de l'intériorité

> *Est mythique non seulement tout ce qu'on raconte de certains événements qui se sont déroulés et de certains personnages qui ont vécu in illo tempore, mais encore tout ce qui est dans un rapport direct ou indirect avec de tels événements et avec des personnages primordiaux.*
>
> *Mircéa Eliade*

Nous désignons sous ce terme la production littéraire qui a pour sujet principal la vie, les préoccupations, l'histoire de la population de couleur antillaise. La plupart des œuvres dont nous allons parler la représentent de façon directe et intime, évoquant ses sentiments, sa vision de l'île, de la culture nègre et hindoue guadeloupéenne. Les sujets abordés concernent non seulement le passé, récent ou plus distant, mais aussi certaines questions cruciales à l'ordre du jour actuellement ou qui l'étaient à l'époque de la publication de ces œuvres. Dans la plupart des cas, ces textes des héritiers représentent une arme de combat susceptible comme nous l'avons vu, d'éveiller la conscience des lecteurs et lectrices, et éventuellement celle d'un public un peu plus large. Bien que le propos soit ici principalement littéraire et artistique, il existe aussi, une volonté de dire et un engagement plus ou moins marqué de la part des écrivains. La trame commune semble être ce besoin de se dire et se montrer soi-même et les autres en tant que Guadeloupéens dotés d'une identité culturelle spécifique et non plus empruntée; l'identité politique autonome recherchée restant encore à l'ordre du jour.

Littérature de l'intériorité parce qu'écrite par les héritiers de celles et ceux qui se sont sacrifiés et battus, sont morts aussi pour ce qui devait assurer plus tard la prise de conscience des gens du pays et leur enracinement dans le pays, sur l'île. Celles et ceux qui s'étaient débarrassées de l'ancien statut d'esclaves et qui ont lutté, sont morts pour être ici, chez soi, reconnues en tant qu'êtres libres bien que toujours colonisés,[1] puis en tant que Français et Françaises à part entière[2] d'abord, et enfin en tant que Guadeloupéens et Guadeloupéennes, étape encore en cours de réalisation. Ces nombreuses batailles, dont celles marronnes sous l'esclavage, celles pour la deuxième émancipation,[3] celles des deux guerres mondiales, celles des luttes pour l'autonomie et l'indépendance, celles contre l'oppression et la dépersonnalisation, celles pour l'égalité et la justice sociale,[4] ont avant tout été menées par la population de couleur. C'était là une lutte avant tout universelle dans l'espoir de la reconnaissance des droits de l'homme et de la femme. Petit à petit, le concept de nation guadeloupéenne va se développer à travers des revendications culturelles, politiques et sociales. Il faudra en effet défaire le travail exécuté par la politique d'assimilation qui s'efforça de

---

[1] Depuis la seconde abolition de l'esclavage en 1848.

[2] Depuis la loi d'Assimilation de 1946, qui a fait des colonies des DOM.

[3] Pour rétablir la liberté de la Convention de 1792 sous la Révolution et que Bonaparte supprima en 1804.

[4] Justice pour être un département d'outre-mer à part entière et non entièrement à part et pallier les trop nombreuses disparités économiques et sociales qui existent comparées aux autres départements métropolitains.

faire des colonisés d'autrefois des Français à part entière, la pigmentation de la peau attestant des différences d'origines et donc de traitement.[5]

Ce qui va ressortir de cette nouvelle situation c'est le désir d'exister, au sens fort du terme, pour soi et non plus être pour l'autre, comme dans l'ancien rapport maître/esclave ou celui plus récent de dépendance colonie/mère patrie. Le poème en créole de Sonny Rupaire "Mwen se Gwadpoupéyen" illustre bien cette situation. En effet après avoir revendiqué l'héritage de tous ceux arrachés à la terre africaine et forcés de défricher les terres des riches colons, le poète affirme bien ne plus avoir peur et ose désormais regarder dans le blanc des yeux les descendants des anciens maîtres. Il clame fièrement le fait qu'il est Guadeloupéen, sur cette terre qui est devenue et reste la sienne. Des revendications identiques, ce nouvel état d'esprit et ce bouillonnement d'idées vont se retrouver dans les œuvres, diverses par leur contenu et leur forme, des écrivains de l'intériorité.[6]

La trame de la plupart de ces œuvres tient souvent de la reconstitution historique, de la reconstitution de mythes, ainsi que de l'évocation des figures-arbres étudiées ci-dessus car:[7]

> Le mythe est le premier donné de la conscience historique, encore naïve, et la matière première de l'ouvrage littéraire. Le mythe déguise en même temps qu'il signifie, éloigne en éclairant (il ne se donne pas d'emblée) obscurcit en rendant plus intense et plus prenant *cela* qui s'établit dans un temps et un lieu entre des hommes et leur entour. Il explore l'inconnu-connu.[8]

Ces figures de la mémoire guadeloupéenne participent bien à un réel historique donné et sont ainsi non seulement de véritables principes de réalité pour la communauté, mais aussi de véritables principes de conservation. En effet, elles sont d'autant

---

[5] Voir l'œuvre de Fanon à ce sujet.

[6] Voir l'action de Sonny Rupaire ou Gérard Lauriette, militants qui ont combattu pour cette cause.

[7] Observons toutefois que la plupart de ces figures ressortent dans un premier temps comme plus écrasées que victorieuses.

[8] *Le Discours antillais,* p. 138.

plus importantes si l'on considère que le projet colonial français était de détruire l'histoire des peuples conquis, subjugués, transbordés d'un chez-eux vers cet ailleurs inconnu qui devait aboutir à une construction nouvelle et complexe, i.e. les Antilles. La situation des îles antillaises est unique en son genre par l'origine même de ses sociétés nées de la traite qui, a engendré une situation de rupture pour les populations qui ont dû confronter une nouvelle donnée du monde, comme le note Edouard Glissant dans *Le Discours antillais*.[9] L'histoire des Antilles étant faite de ruptures, il existe une discontinuité qui a affecté la conscience collective des populations.

Ce sont ces ruptures, ces failles que les textes de l'intériorité des enfants de Delgrès et Solitude viennent combler, en fouillant le passé de l'île et de ses populations conquises et transbordées. Nous discernons un certain nombre de grands thèmes dans leurs textes: le passé (le massacre des populations indiennes, la traite, l'esclavage, les résistances) la quête d'un *ailleurs,* (attirance par un exil vers l'Afrique, l'Inde, l'Europe, l'Amérique elle-même), enfin plus récemment les retrouvailles avec un *ici* (l'ultime ailleurs i.e. l'antillanité). L'écriture (et donc une certaine divulgation aussi) de cette histoire dans les différents textes de fiction ainsi que la lecture de cette histoire par une population locale de plus en plus nombreuse, aident à la réappropriation du passé et contribuent d'une certaine manière à l'affirmation de soi, dans la population de couleur. En effet ce n'est pas uniquement l'histoire qui était oblitérée, mais aussi les mythes des populations qui furent également détruits. L'observation de Georges Gusdorf à propos des Canaques reste en partie seulement valable pour l'histoire coloniale et post-coloniale de l'île, surtout en ce qui concerne les Amérindiens:

> le traumatisme de la colonisation, la confrontation avec la supériorité matérielle et intellectuelle des Occidentaux détruisait les équilibres traditionnels, et réduisait au désespoir les autochtones (...) La

---

[9]   "le passé, notre passé subi, qui n'est pas encore histoire pour nous, est pourtant là (ici) qui nous lancine. La tâche de l'écrivain est d'exploiter ce lancinement, de le 'révéler' de manière continue dans le présent et l'actuel", *Le Discours antillais*, p. 32.

population locale dépérissait lentement, se mourait de désespoir, parce qu'elle était dépourvue de sa nourriture spirituelle, des vérités dont elle avait toujours vécu, sans même que les administrateurs et les colons prissent conscience de ce drame dont ils étaient responsables.[10]

Dans la population d'origine africaine, de nombreuses croyances autochtones ont toutefois survécu, bien que la rupture originelle d'avec la terre africaine ait engendré toutes sortes de traumatismes avec comme conséquences un sentiment de dépersonnalisation.[11] Dès le début de cette rupture imposée, l'esclave a constamment cherché à retrouver l'état originel perdu, d'autant plus que tout avait été mis en œuvre pour qu'il ne garde aucun souvenir de son passé. Et nous savons bien que cette stratégie de *tabula rasa* fut loin d'avoir réussi et n'a heureusement pas tout rasé comme en témoignent les nombreuses formes de résistance qui ont rendu possible la survie culturelle et personnelle des populations.

Pour les Guadeloupéens de couleur, l'histoire doit être véritablement élucidée afin d'être repossédée et assumée. La connaissance de ce passé douloureux et glorieux est essentielle dans le processus de réhabilitation et nécessaire pour s'assumer en tant qu'être libre et ré-humanisé après les traumatismes de la traite, les violences dictées par le Code "dit" Noir,[12] celles de la colonisation, puis de la politique d'assimilation. La plupart des écrivains évoquent à un degré ou à un autre ces situations dans leurs écrits.

Ainsi le passé de l'île, alors occupée par les Caraïbes, ainsi que sa conquête par les Européens occupe une place primordiale dans l'écriture de l'histoire de l'île. Evocation des Arawaks et Caraïbes, comme le fait Max Jeanne dans la séquence intitulée "Razzia" dans *Western: ciné-poème guadeloupéen*:

Arawaks
Caraïbes
noms de sable

---

10 George Gusdorf, *Mythe et Métaphysique,* Paris, Flammarion, 1984, p. 35.

11 Il en sera de même, plus tard pour les travailleurs venus de l'Inde.

12 A tout considérer, ce Code Noir fut en fait le code (des) blanc(s).

à jamais dissous dans la Mer
dans la Nuit (...)
mortes
tuées
les trois âmes du Caraïbe (...)
Et que de coupures
que de scènes floues
dans le film de ton Histoire
Guadeloupe
depuis ce viol premier (...)
                       KALINAGO
ANACAONA
De mes mots périssables
je vous salue
guerriers caraïbes
gisant nus sous l'oubli séculaire
et la bonne conscience d'Europe[13]

Hommage rendu aux ancêtres Arawaks et Caraïbes mais en même temps il tient à souligner que l'histoire guadeloupéenne et celle des îles en général contrairement à ce qu'apprenait l'histoire coloniale n'a pas commencé en 1493 avec Colomb.[14] Car s'ancrer dans l'île nécessite avant tout la reconnaissance de la terre et des ancêtres dans toute leur complexité, même si, comme nous l'avons noté plus haut, à certains moments la mémoire collective était aussi sélective.

Balles d'or de Guy Tirolien, s'ouvre sur le poème "Marie-Galante" qui retrace l'histoire de l'île et des esclaves déportés d'Afrique, soulignant l'ignorance et la violence originelles des envahisseurs[15]:

C'est ici qu'une erreur guida leur caravelle,
et que beaucoup moururent sous les mancenilliers
d'avoir voulu goûter à la douceur des fruits.
L'or qu'ils venaient chercher ils ne l'ont point trouvé.

---

[13]   *Western*, pp. 24-28.

[14]   Voir sur ce sujet *Anacaona* de Jean Métellus, Paris, Hatier, 1986 et plus récemment le drame de Pierre Cléry, *La Tragédie d'Anacaona*, Paris, la Pensée Universelle, 1992, deux pièces consacrées à cette reine du cacicat de Xaragua.

[15]   Voir aussi les poèmes suivants: "Fruits dépareillés, Karukéra, Afrique."

> Mais moi je suis venu pour faire pousser de l'or,
> je ne me rappelle plus d'où. (...)
> je ne me rappelle plus quand.
> Et dès le pur matin sifflait le vol des fouets,
> et le soleil buvait la sueur de mon sang.[16]

Mais, et il faut le souligner car c'est un fait trop souvent passé sous silence, dès ce temps-là aussi, la résistance et les révoltes faisaient partie du quotidien; marronnage, incendies de plantations, massacres des maîtres:

> Des incendies parfois ravageaient les rhumeries. (...)
> réchauffant le sang vert des mares endormies. (...)
> et les nonnes sanglantes pleuraient leurs seins coupés. (...)
> En ce temps-là qui fut le temps de la violence.[17]

Max Jeanne, lui, se livre à une reconstitution critique, satirique et amère de l'histoire de la Guadeloupe, dans le film poétique où il reprend l'image américaine du western:

> Les Indiens massacrés
> les totems démâtés
> La Karukéra Caraïbe n'est qu'un
> immense charnier
> où les cow-boys débarquent
> leur bétail d'ébène
> venu du ranch Africain
> et marqué au fer rouge
> des initiales du maître
> et dans la curée
> les Français succèdent aux Espagnols
> et aux Anglais (...)
> café
> tabac
> sucre
> épices
> coton
> nègres
> autant en import-exporte le vent (...)
> et sur toi
> papillon

---

[16] *Balles d'or,* pp. 5-6.

[17] *Balles d'or,* p. 6.

> le même pavillon
> à tête de mort
> Et c'est 1685
> l'année du ku klux klan
> du lynchage collectif
> de tout un peuple
> où la liberté de l'île
> se balance
> au bout d'un code noir.[18]

cour-circuitant dans un même élan l'histoire des îles et des USA par la juxtaposition de l'édit du roi Soleil et des méthodes du Ku Klux Klan. Sonny Rupaire aussi appelle ce passé:

> Je veux tout voir
> Même le nerf rugueux qui déchire la chair.
> Je veux voir le soleil pâlir dans les ruisseaux de sang
> qui glissent sur les flancs du marron aux abois.
> Même les chiens hurlant à la grande curée.
> Joue pour moi
> Je veux me souvenir.
> Et mes futurs sourient quand pleurent les présents.[19]

D'ailleurs dans l'introduction de ce recueil, le poète déclare bien qu' "il nous faut écrire pour rappeler les pages glorieuses de l'histoire de notre peuple (...) pour exalter les qualités de notre peuple, pour résister à l'agression culturelle (...)."[20]

Un des lieux importants de ce passé, ailleurs primordial, c'est l'Afrique, la terre-mère-originelle des esclaves déportés, leur terre ancestrale et intérieure. C'est l'Afrique où sans cesse ils essayaient de retourner, physiquement ou spirituellement par l'intermédiaire des "Petites Guinées." On pouvait donc atteindre ces petites Guinées par le marronnage ou dans la mort, qui elle aussi retransportait les esclaves, désormais libérés, en Afrique. L'Afrique c'est l'ailleurs intériorisé de façon profonde, et qui représente l'espace saturé par ce qui existait avant la traite. C'est cet espace que bien des héros et héroïnes des textes de fiction

---

[18] *Western:* pp. 33-35.

[19] Sonny Rupaire, "Joue pour moi, "dans *Cette Igname brisée qu'est ma terre natale,* Paris, Editions Parabole, 1971, p. 22.

[20] *Cette Igname,* p. 11.

vont essayer par tous les moyens de recapturer, de comprendre, allant même jusqu'à se rendre sur le Continent. Ainsi *Mort d'Oluwémi d'Ajumako*, *Heremakhonon* et *Une Saison à Rihata* [21] font partie des premières œuvres de Maryse Condé dont l'action se situe en Afrique. Oluwémi fait allusion au glorieux passé africain tandis que les Guadeloupéennes Véronica et Marie-Hélène, se retrouvent toutes deux en Afrique en quête de leur identité et pour essayer de comprendre leur histoire antillaise, avec des résultats quelquefois déroutants:

> Mes aïeux, je ne les ai pas trouvés. Trois siècles et demi m'en avaient séparée. Ils ne me reconnaissaient pas plus que je les reconnaissais. Je n'ai trouvé qu'un homme avec aïeux qui les garde jalousement pour lui, qui ne songe pas à les partager avec moi. [22]

L'héroïne de *Juletane* de Myriam Warner-Vieyra [23], elle aussi, essaie de s'intégrer à sa manière à ce continent supposé être le sien. Toutes trois sont venues d'ailleurs et considérées comme des "étrangères", des toubabesses et finissent par se sentir exilées en Afrique, déçues par leurs rêves non réalisés:

> Elle allait par les rues de ce quartier résidentiel où personne ne marchait à pied. Ses voisines la saluaient gracieusement en descendant de leurs voitures, mais ces saluts subtilement la tenaient à l'écart. Exclue? Pourquoi? Savaient-elles comme elle avait rêvé de l'Afrique quand toute sa génération réclamait l'indépendance comme un merveilleux gâteau d'anniversaire? Que faire? [24]

Marie-Hélène doit-elle se résoudre à vivre isolée dans la communauté antillaise? Solution loin d'être idéale pour elle qui, comme ses autres consœurs, rêvait "d'une Afrique libre et fière qui montrerait la voie aux Antilles, entraînerait l'Amérique noire dans son sillage" [25] L'Afrique qui après la mort de sa mère à la

---

[21] Maryse, Condé, *Mort d'Oluwémi d'Ajumako*, Paris, P. J. Oswald,1973. *Heremakhonon*, U.G.E., collection 10/18, Paris, 1976 et la réédition *En Attendant le bonheur*, Paris, Seghers, 1988; *Une Saison à Rihata*, Paris, Laffont, 1981.

[22] *Heremakhonon*, pp. 242-243.

[23] Myriam Warner-Vieyra, *Juletane*, Paris, Présence Africaine, 1982.

[24] *Une Saison à Rihata*, p. 33.

[25] *Une Saison à Rihata* p. 54.

Guadeloupe, pour Marie-Hélène était "mère aussi, proche par l'espoir et l'imaginaire." A cause de cet exil forcé et intérieur, elle ressent le désir de la terre ancestrale qui lui appartiendra alors. Cette nostalgie du retour impossible, du non retour au pays, cet ailleurs mythique rappelle l'âge d'or toujours espéré, jamais retrouvé. Mais ici c'est le début d'une leçon salutaire qui enseignera que finalement cet ailleurs recherché se révélera être non pas l'Afrique, mais plutôt la Guadeloupe.

Un autre héros, le protagoniste de *Ti-Jean l'Horizon*, lui aussi arrive au pays de ses ancêtres, dans la savane où il reste à "humer les odeurs anciennes et nouvelles de terre d'Afrique",[26] lui montrant toutes sortes de signes d'affection. Mais la rencontre, là encore, n'est pas facile et "Pris d'un coup de bile," voilà que Ti-Jean s'adresse à ses ancêtres:

> Ecoutez-moi, (...) et ce que vous ne voulez pas entendre, c'est ce que je vais vous dire: je viens dans mon pays, et c'est dans mon pays que je viens sous mon propre toit! (...) Je ne suis pas un étranger, pas un étranger (...) Vous m'avez vendu à l'encan vendu et livré aux blancs de la Côte: mais je ne suis pas . . . un étranger, je vous dis, non, bande de filous, rapaces en démangeaison perpétuelle![27]

Ce retour aux sources, désespéré quelquefois, est vécu comme une remontée au cordon ombilical rompu avec la traite mais non enterré en terre africaine comme le voudrait la coutume, d'où le besoin de ce retour physique ou spirituel. Donc les rapports sont ambigus: désir et rejet, admiration et mépris pour un continent qui demeure avant tout inconnu, incompris de la plupart des Guadeloupéens de couleur. Même après avoir visité le continent, même après y avoir vécu, dans certains cas, les personnages de bien des romans ont encore du mal à opérer une réconciliation. Sans doute un changement d'attitude s'était amorcé après la boucherie de la Première Guerre Mondiale lorsque les valeurs européennes elles-mêmes commençaient à être remises en question par les colonisés. Ces derniers observaient la sauvagerie européenne et les luttes "tribales" qui se déroulaient. Il y eut

---

[26]   *Ti-Jean l'Horizon*, p. 127.
[27]   *Ti-Jean*, p. 146.

aussi la période de la révolte américaine avec la Négritude et surtout les séjours de nombreux Antillais français en Afrique où il étaient envoyés comme hauts fonctionnaires. Comme le dit Guy Tirolien dans un entretien, c'étaient:

> des fils de l'Afrique découvrant le continent originel avec un cœur d'Africain battant sous un uniforme d'administrateur des colonies! D'où la singularité de notre cas et ses contradictions, ce qui peut expliquer le caractère assez spécial de notre négritude.[28]

C'était l'époque de *Batouala* de René Maran (Prix Goncourt 1921) qui décrit une Afrique non idéalisée tout en critiquant le colonialisme français en Afrique. Paul Niger[29] a lui aussi vécu en Afrique, fonctionnaire au Dahomey, au Sénégal et en Côte d'Ivoire. Il fut tué dans la catastrophe de Deshayes en juin 1962 alors qu'il rentrait en Guadeloupe avec le guyanais Justin Catayé pour lutter sur le terrain contre les injustices du néo-colonialisme. Dans son roman *Les Puissants,* on trouve un rejet des mythes de l'Afrique et le regard jeté sur les réalités africaines se veut objectif. Dans *Les Grenouilles du Mont Kimbo,* publié après sa mort, il prône l'action pour les indépendances africaines. Son poème "Je n'aime pas l'Afrique", montre sa volonté d'imaginer, de créer une Afrique réelle dont les Antillais pourraient être fiers, une Afrique qui essayerait de résoudre ses problèmes et ne serait pas uniquement idéalisée et mythique:

> Moi, je n'aime pas cette Afrique-là.
> L'Afrique des yesmen et des béni-oui-oui.
> L'Afrique des hommes couchés attendant
>   comme une grâce le réveil de la botte.
> L'Afrique des boubous flottant comme des
>   drapeaux de capitulation de la dysen-
>   terie, de la peste, de la fièvre
>   jaune et des chiques (pour ne pas
>   dire la chicotte).
> L'Afrique de 'l'homme du Niger,' l'Afrique
>   des plaines désolées.

---

[28] Entretien avec Guy Tirolien, dans *Notre Librairie*, no. 74, Avril–Juin 1984, pp. 26-27.

[29] Pseudonyme d'Albert Béville.

> Labourées d'un soleil homicide, l'Afrique
> des pagnes obscènes et des muscles
> noués par l'effort du travail forcé.
> L'Afrique des négresses servant l'alcool
> d'oubli sur le plateau de leurs lèvres.
> L'Afrique des Paul Morand et des André
> Demaison.
> Je n'aime pas cette Afrique-là.[30]

Mais il y a aussi l'Afrique au passé glorieux qui est évoquée pour prouver l'humanité volée pendant la traite, pour en quelque sorte aussi conjurer les humiliations subies. C'est en cela que l'Afrique pouvait représenter l'ailleurs des ancêtres, de l'historicité et de l'inconscient collectif détourné, comme dans ce poème de Tirolien:

> Tes surgeons refleurissent, Afrique
> dans la chair labourée de mon peuple,
> car tu germais en moi depuis la nuit des temps:
>
> Le temps de Pharaons lippus
> tournant leur tête de profil
> dans l'attitude hiératique
> souhaitée par les musées de la postérité;
>
> Le temps des lentes migrations
> qui m'amenèrent un soir jusqu'aux bords du Niger,
>
> Je me suis réveillé pieds et poings garrotés
> dans la câle empestée d'un navire négrier.
>
> Je te connais, Afrique de temps immémoriaux.
> Quand je t'ai abordée Afrique
> je me suis plongé nu dans la confiance neuve
> de tes mains.[31]

---

[30] Paul Niger, "Je n'aime pas l'Afrique," dans *L'Anthologie de la poésie nègre et malgache de langue française,* Paris, Presses Universitaires de France, 1972, pp. 93-100.

[31] *Balles d'or,* pp. 45-47.

L'Afrique mythique et réelle est également évoquée dans "Circoncision," "Fama Moussa," et "Ohé Laptot" de son recueil *Balles d'or.*[32]

L'Asie est un autre continent de référence mythique dans l'imagination populaire car l'Inde fut une des sources du peuplement de la Guadeloupe tout de suite après l'abolition de 1848.[33] Avec les immigrants indiens, il s'agissait d'une traite à peine déguisée, les conditions de ces travailleurs agricoles sous contrat n'étant guère différentes de celles des anciens esclaves. D'ailleurs les deux communautés sont intrinsèquement liées et Ernest Moutoussamy est l'un des premiers auteurs de descendance indienne à décrire la situation de ses compatriotes. Dans son premier roman, *Il Pleure dans mon pays,* il évoque les deux communautés, africaine et indienne: leur monde rural, la misère qu'elles endurent, mais surtout la lutte constante pour survivre à l'exploitation toujours présente:

> Nègres ou Indiens, étouffés par la même oppression, ployant sous le même joug, de leurs doigts experts sur les tams-tams et les matalons, tentaient de charmer le même dieu. Ils n'avaient pas choisi cette latitude et leur chair déchirée par les coups portés à leurs ancêtres était loin d'être guérie. Ils mêlaient leurs vœux dans une ardente prière, buvaient à la même fontaine et résistaient à la même agonie.[34]

A travers l'histoire de Râma et sa famille, pauvres et dignes dans toutes les catastrophes qu'ils ont à affronter, la misère, la faim, les coups du géreur, les catastrophes naturelles, c'est la peinture de la vie de ces paysans dans les cannaies que Moutoussamy évoque dans ce roman où les passés sont constamment présents:

> Chacun conservant son souvenir, n'oubliant ni l'Afrique ni l'Inde, Timoléon et Rama, plus occupés par le présent que par le passé, ajustaient leurs projets d'avenir. Certes, l'histoire les a confondus ici

---

[32] *Balles d'or,* respectivement pp. 49, 55, 57.

[33] Sur la population indienne en Guadeloupe, voir entre autres, les ouvrages de Singaravélou, *Les Indiens de la Guadeloupe,* 1975, et Ernest Moutoussamy, *La Guadeloupe et son indianité*, Paris, Editions Caribéennes, 1987.

[34] *Il Pleure dans mon pays,* Fort-de-France, Désormeaux, 1979, p. 54.

entre les deux Amériques, mais de temps à autre, ils se cherchent dans le lointain.[35]

Passés dont l'interprétation varie selon les personnes concernées. Ainsi Serge, l'un des fils du paysan Râma est le premier du village à "tenter une percée dans l'instruction," lui, un fils de la terre brûlée. Lors d'une leçon d'histoire en classe, le maître M. Vigouroux, jeune Antillais fraîchement débarqué de France, lance la date 1802! "Comme un ressort, Serge surgit du fond de la classe et cria: Delgrès et trois cents patriotes fracassent les ténèbres de la tyrannie au Matouba!" Mais le professeur répond: "Non! Napoléon est nommé Consul à vie."[36] Ici, c'est le jeune élève qui, en dépit de l'attitude du maître, rétablit à sa façon cette autre vérité en montrant l'autre face de l'histoire de l'île, jusque-là oblitérée:

A chaque terre son histoire, si simple soit-elle (...). Midi cloua les yeux de Serge au mur, alors que la classe au repos se rappelait les morts qui étaient passés.[37]

On voit ici comment l'histoire de Delgrès et de ses compagnons était connue dans certaines familles, comme celle de Râma. A ces mêmes morts du Matouba, Tirolien consacre un drame en un acte et en vers, intitulé "La Mort de Delgrès."[38]

Il existe un autre Eldorado: l'Europe, avec le rêve d'assimilation à la France, sensée être la mère patrie de tous les colonisés. Après l'abolition de l'esclavage les modèles culturels venaient de la France, qui incarnait le pays mythique qui donnait toutes les promesses de promotion, toutes les chances d'échapper au métier de la canne. Ainsi en est-il dans *Sapotille ou le serin d'argile* de Michèle Lacrosil, où la France représente tous les espoirs pour Sapotille Dormoy, comme c'était le cas encore pour bien des Guadeloupéens: l'émigration n'était pas

---

[35] *Il Pleure dans mon pays,* p. 32. Dans *Aurore,* Paris, L'Harmattan, 1987, Moutoussamy raconte une traversée d'Inde en Guadeloupe sur l'un des ces bateaux qui se livraient à ce nouveau commerce.

[36] *Il Pleure dans mon pays,* pp. 105-106.

[37] *Il Pleure dans mon pays,* p. 106.

[38] *Balles d'or,* pp. 31-36.

encore ce qu'elle était devenue, c'est-à-dire une émigration forcée, non seulement un transfert de populations mais surtout une nouvelle forme de traite déguisée où les Antillais se trouvaient réduits à une exploitation différente, cette fois sur le sol métropolitain lui-même.[39] Nous en trouvons le témoignage dans les confidences de Dieudonné, jeune étudiant qui revient de France, dans *Dieu nous l'a donné* de Maryse Condé:

> Ecoute-moi bien, Gastonia! Je viens de passer dix ans en France, dix ans de souffrances et d'humiliations, car je n'étais pas un étudiant aux mains pleines, moi! Je n'ai jamais connu que les chambres de bonne, sans feu, sans eau, la faim, l'envie, le désir de la Mort. Les femmes se foutaient de ma gueule quand j'osais les aborder. Je bandais tout seul! Une seule idée me tenait debout: revenir ici dans ce pays où je suis né.[40]

D'où le concept du "chez-soi," symbole du lieu où l'on se sent bien et à l'aise, que l'on veut sien, comme le dit Sonny Rupaire dans "Mwen sé Gwadloupéyen." Ainsi la France, comme l'Afrique, a elle aussi, ce goût amer de faux mythe et les rapports de la population de couleur avec cette autre patrie sont tout aussi ambigus. Pour beaucoup d'insulaires, la France représente la puissance qui colonise encore, mais d'une toute autre façon. C'est pour cette raison que Dieudonné retourne au pays décidé à "mener son peuple au combat." Mais il doit d'abord le reconquérir. Il remarque:

> aujourd'hui, de retour chez moi, je m'aperçois que je ne sais plus parler à mon peuple. Je ne sais plus son langage, ses mots de bonheur ou de chagrin! Quand j'ouvre la bouche, on rit! Il parle comme un Blanc! D'ailleurs c'est un Blanc! Il vient de chez eux. . . Il a vécu dix ans chez eux! Et ce que j'ai appris, ce que j'ai compris, ce que je brûle d'expliquer, je ne peux pas, je ne peux pas.[41]

---

[39] Il y eut l'époque du BUMIDOM, (BUreau des MIgrations pour les Départements d'Outre-Mer), qui se livrait à ce transfer. L'émigration s'est transformée plus récemment en un autre transfert de populations: les métropolitains venant de France et les Antillais allant en France.

[40] Maryse Condé, *Dieu nous l'a donné*, Paris, J. P. Oswald, 1972, p. 27.

[41] *Dieu nous l'a donné*, p. 27.

Ce que Dieudonné a compris lors de son séjour en France, bien d'autres l'ont aussi compris, à savoir qu'il était bien loin d'être considéré comme citoyen à part entière. Mais également son besoin serait voué à l'échec car il semble que lui, l'intellectuel, ne puisse plus rejoindre le peuple, la distance étant désormais trop grande entre les deux. Dans la nouvelle "Mémoire d'un nègre blanc" de Guy Tirolien, celui qu'on appelle le Nègre blanc et qui a passé la moitié de sa vie en Europe, lui aussi retourne au pays pour faire un reportage sur la situation aux Antilles. Ce Guadeloupéen revenu au pays, est bien conscient des problèmes sociaux et politiques. Il avait été invité par un jeune homme qui voulait lui présenter un aspect du pays différent de celui de la haute société guadeloupéenne qu'il avait pu observer lors d'une réception et où:

> On danse, on boit, on discute, on pratique des jeux mondains. Ça fait passer le temps en attendant le prochain congé en métropole où on ira se décrotter un peu et se payer une bonne cure d'hiver, histoire de se fouetter le sang. Tout ça, grâce à notre statut d'assimilés.[42]

Tels sont les propos d'un vieux monsieur à cette réception, bien étonné de voir que certains puissent désirer une "brumeuse autonomie"[43] Ce Guadeloupéen fut retrouvé mort (assassinat ou suicide, rien n'est dit) devant sa table de travail, lui "le Parisien", qui avait eu le temps d'exprimer ce besoin qu'il ressentait de se retrouver avec ses compatriotes qui voulaient lutter contre l'apathie: "Le combat à mener est d'abord politique. Il faut analyser, expliquer, démontrer sans arrêt. C'est à ce prix que notre peuple prendra le chemin de la dignité."[44] Ce sont là les dernières notes et pensées du "Parisien" qui souhaitait écrire des essais sur la situation dans l'île.

Ces conseils du "Parisien" restent encore valables et correspondent bien à l'examen des passés que l'on observe dans les textes contemporains. Mais il s'agit de plus en plus d'un

---

[42] *Feuilles vivantes au matin*, p. 98.

[43] *Feuilles vivantes au matin*, p. 98. Voir aussi la réflexion d'une jeune femme voulant le "persuader que les Antilles, c'est la France, avec la chaleur et les moustiques en plus" p. 99.

[44] *Feuilles vivantes au matin*, p. 110.

examen à travers une confrontation, une interrogation profonde comme pour essayer de démêler les ambiguïtés inhérentes à la situation guadeloupéenne, et en révéler la complexité culturelle. Il y a donc un choix délibéré d'articuler cette complexité qu'on essaye de démêler de jour en jour. Des questions restent à résoudre, à savoir par exemple si l'exil, la fuite vers un ailleurs réel ou imaginaire, est vraiment une solution viable. Cette attirance vers l'exil et un ailleurs, peut s'expliquer par l'origine même de la population de l'île, (i.e. la traite des Africains, les migrations plus ou moins volontaires des Européens, celles forcées des Indiens) et il est certain qu'à l'arrière plan collectif, il subsiste une sorte de lancinement entre les divers *ailleurs* ci-dessus évoqués et l'*ici* de l'île, qui se révèle être le chez-soi tant recherché, l'île, la Guadeloupe donc, bien ancrée dans les Antilles. Le terme d'antillanité comme l'a défini Edouard Glissant semble donc approprié ici, au moins dans un premier temps. Sa définition englobe les multiples composantes des populations antillaises: les quatre continents sont reconnus et revendiqués comme faisant partie de la personnalité et de la culture antillaise, chacun des continents y apportant sa dimension particulière. Mais dans un deuxième temps, nous entendons non seulement la quête d'une identité mais aussi celle d'une esthétique apte à exprimer les rêves et les réalités des populations de la zone caraïbe en général et de chaque île en particulier. Car l'antillanité c'est aussi une conscience plus grande des rapports avec les pays voisins de la région, de même que la reconnaissance de la langue créole comme facteur de communauté et de communication. L'antillanité telle que nous la concevons est en fait l'aboutissement de l'*ailleurs*, le cercle de l'ailleurs recherché se referme avec elle et les protagonistes de certains textes se retrouvent dans leur chez eux de départ, dans un *ici* retrouvé après toutes sortes de tribulations formatrices. C'est ainsi que le voyage-quête de Ti-Jean se termine en Guadeloupe, avec le retour à l'île pour y confronter la réalité et surtout soi-même.[45] A

---

[45] *Ti-Jean l'Horizon* symbolise avec force toutes les significations de ce retour, comme l'avaient fait auparavant la revue *Tropiques* et le *Cahier d'un retour au pays natal* qui chantaient déjà ce retour.

travers les différentes couches de la psyché, l'imaginaire et la
langue créole sont les moyens d'expression choisis pour réaliser
cette quête d'idéaux caraïbéens et compenser les faillites sociales
d'autrefois, les banqueroutes du passé. C'est aussi le nouvel
intérêt pour le monde caraïbéen, pour l'Amérique Latine et aussi
pour l'Amérique du Nord noire. Cet intérêt transparaît d'ailleurs
dans la poésie de la nouvelle génération d'écrivains où l'ancien
idéal, *l'ailleurs* (l'Afrique ou la métropole) a cédé le pas à *l'ici*,
l'idéal de l'île, de la culture guadeloupéenne, avec au centre le
concept d'*indépendance* de la culture néocoloniale dominante et
d'*interdépendance* des autres cultures caraïbéennes. Cultures
voisines auxquelles la population guadeloupéenne a de plus en
plus accès, ne serait-ce que par les nombreuses rencontres et les
échanges inter-îles qui ont désormais lieu. Cette antillanité n'est
pas un état récent et s'inscrit dans le prolongement de ce qui
existait déjà en 1949, et bien avant aussi, sporadiquement et
sous des formes locales, avec par exemple la création de
"l'Académie des Antilles" qui acceptait et couronnait des œuvres
en créole comme en français. L'œuvre de Rémy Nainsouta, qui
fut maire de la commune de Saint-Claude, va elle aussi
contribuer à la renaissance du créole pendant toute la période de
l'après-guerre (1945–1949). Cette époque vit un foisonnement
d'œuvres qui justement témoignaient de l'esprit de liberté et de
création littéraire qui régnait alors et faisait fi de toute
aliénation. Certains des romanciers et poètes contemporains en
sont d'anciens lauréats, tels Jocelyn Lubeth, Lucie Julia,
Raymonde Ramier parmi d'autres. L'Association Guadeloupéenne des Amis de la Poésie (AGAP) a publié elle aussi des
anthologies d'œuvres en créole et en français. Dans "Le Métis"
Lucien Loial dit comment on lui enseigna à penser ce qu'il
n'était point et à apprendre une langue qui n'était pas la sienne.
Henri Corbin dans *La Terre où j'ai mal* développe le même
thème:

> nous naufrageons
> dans leur alphabet stupide

astreint aux vocables désuets
loin du souffle de nos bouches natives[46]

De même le poème "Désirades" de Daniel Maximin, qui met
l'accent sur la solidarité entre les îles et invite à dépasser les
anciennes querelles:

à présent il faudra oublier les
                sauvageries anciennes
solder les territoires de race de
                sexe et de paternité
libérer les paroles déshabillées
                d'angoisse
l'envolée d'île et aile en nous à
                concilier
nous sommes tous l'un à l'autre des
                îles à double tour, la clé de
l'un entre les mains de l'autre...
Il suffira d'improviser la mélodie
le solo du saxophone enivrera la
                mesure des tambours pur-sang
                mêlés.[47]

Le thème de l'ici-antillanité est intimement lié, à celui de l'île
elle-même, du pays, habité, quitté, retrouvé enfin. L'ailleurs tant
rêvé est devenu l'ici revendiqué où l'on se sent bien, où l'on
voudrait se sentir mieux, dans de bonnes conditions, sans avoir à
aller en France par exemple, qui est vue et vécue de plus en plus
comme un ailleurs incertain et où, de plus, l'on est de moins en
moins désiré. Le nouvel objectif est d'améliorer l'ici, de le
transformer et de lui faire effectivement prendre la place de cet
ailleurs-Eldorado vanté depuis la colonisation. En réalité, cette
préoccupation rejoint la revendication consciente de la
différence guadeloupéenne, antillaise par rapport à la France.
Revendication qui en elle-même est bel et bien un autre aspect de
la résistance, de la tradition de marronnage, qui veut que toute
révolte vraie ait lieu sur l'île-même, en tant que lieu investi,

---

[46]   Henri Corbin, *La Terre où j'ai mal*, Paris, Silex, 1982, p. 45.

[47]   Daniel Maximin, "Désirades," *Présence Africaine*, Nos. 121-122, 1982, pp.
       220-221.

construit, désormais reconquis et pleinement revendiqué par les Guadeloupéens et Guadeloupéennes aujourd'hui, tout comme l'avait fait Delgrès et bien d'autres parmi les ancêtres. Il est alors possible de célébrer la naissance de l'identité collective recouvrée, en décrivant le monde et la vie des populations de l'île qui jusqu'ici étaient laissées pour compte. Les descendants des population esclaves et de Delgrès et Solitude vont avec fierté célébrer leur monde et celui de leurs ancêtres, et ce sur leur lieux-même de naissance.

L'île, avec ses problèmes et ses victoires, va donc préoccuper écrivains et écrivaines, tel que Henry Bouchaut qui en exprime une certaine vision dans "Ce n'est pas mon pays":

> Je suis né dans une île où l'on voit et se tait (...)
> Mon pays c'est une île d'où le travail a fui (...)
> Ce n'est pas mon pays sur les beaux dépliants (...)
> Ce n'est pas mon pays où sous un hibiscus,
> On recouvre la misère, on cache la vérité. (. . .)
> Avez-vous vu messieurs ces enfants délinquants?
> Avez-vous vu messieurs ces jeunes femmes qui se vendent
> Parce qu'un jour elles n'ont pu, ignorantes, se défendre
> Lorsqu'on donna leur place à une du continent?[48]

Ici il est question du chômage et des problèmes sociaux aux proportions catastrophiques, préoccupations que l'on retrouve aussi dans un autre poème en créole de Bouchaut intitulé 'En la ka réfléchi" (Me voici là à réfléchir) et également chez Jesnère Melain Decouba dans son poème au titre évocateur "Pa ni boulo en péi la" (Il n'y a pas de travail au pays) de même que chez Ernest Pépin:

> C'est une souche de mer
> Sans autres bourgeons
> Que la rengaine des biguines
>   Des mazoukes
>   Des bel-ai
> C'est un navire échoué
> Parmi la transe marine

---

[48] Henry Bouchout, "Ce n'est pas mon pays," *Karukéra anthologie,* Pointe-à-Pitre, Association Guadeloupéenne des Amis de la Poésie, pp. 30-31.

> Echoué comme échouent nos grèves
> Nos émeutes
> Nos révoltes (...)
> Petit amphithéâtre où la masse
> Mime son agonie
> Marinée d'alcool[49]

Il y aussi une autre question évoquée, celle du retour ou du non-retour au pays, phase cruciale pour la reprise en main du pays par les Guadeloupéens. Dans *La Chasse au racoon* de Max Jeanne, Tambi et Ti-Pierre, deux jeunes garçons parlent de l'émigration:

> Tambi et Ti-Pierre aimaient "les palétuviers" avec la mare-pythie, le chant des sucriers et des grives gros-bec. Tellement de souvenirs les rattachaient à ce coin de campagne que Ti-Pierre craignait d'avoir bientôt à quitter Saint-François pour la France au cas où le bac marcherait pour lui cette année. Il connaissait trop de jeunes du bourg happés par le mirage de Paris et dont on n'entendait jamais plus parler (...) Mais pourquoi, pourquoi diable mon Dieu exportait-on ainsi les fils de ce pays sous-prétexte d'un service militaire et de la possibilité par la suite de dénicher un job en France?[50]

On arrive à une sorte d'inversion dans la perception de l'île traditionnellement vue comme un paradis antillais par les Français de métropole. De même, l'image de la belle France, pourvoyeuse de tout, devient celle du cauchemar de la France exploiteuse, nouvelle réalité qui engendre une reconsidération du pays natal. Dans un poème, Adeline Dorlipo contraste les situations en France et en Guadeloupe:

Lè jou ka rouvè a cas a ou,	(quand le jour se lève chez toi)
A cas en nou ti nèg' soleil couché toujou.	(chez nous les noirs, il est encore couché)
Lè neig' la ka engoudi ko a ou é ka fen' lèv'a ou,	(quand la neige t'engourdit le corps et te fend les lèvres)
A cas a ou ti nèg' soleil ka brilé po en nou,	(chez toi, petit nègre, le soleil) (brûle notre peau)

---

49 Henry Bouchout, "En la ka réfléchi;" Jesnere Melain, "Pa ni boulo en péi la;" Ernest Pépin, dans *Karukéra*, pp. 32, 64, 183.

50 Max Jeanne, *La Chasse au racoon*, Paris, Karthala, 1980, pp. 33-34.

Le ou ka pati on koté ou pa konnèt, (quand tu vas dans un lieu inconnu)

A cas en nou ti neg' fanmi a ou (chez nous, tes parents)

Ka lévé a katrè di matin pou bouè on café cho (se lèvent à 4 heures du matin pour boire un café chaud)

Routouné a cas a ou, routouné a cas en nou. (reviens donc chez toi, reviens) (chez nous)

Routouné pou ou (reviens donc pour profiter)

Apprécié on lévé ou on couché soleil, (du lever et du coucher du soleil)

Vouè pié mango, pié gouyav, (voir les manguiers et goyaviers)

Pié corosol é lé dènié piès' can,' (les corossoliers et les dernières cannes)

Routouné pou ou (...) (reviens donc pour écouter)

Kouté ti nèg' palé créol, (les petits nègres parler créole)

Pouw' tann' tam tam craché difé. (écouter les tambours cracher le feu)

Voue z'indien invoqué 'mahémin, (voir les Indiens célébrer le Mayémin)

Voue nèg' 'gadé zafè,' (voir les nègres chez les séanciers)

Vouè blan péi fè zafè, (voir les békés faire des affaires)

Pas' piès' can,' pié mango, pié gouyav' (car la canne, la mangue,)

pié cocoè (la goyave; le coco)

Cé ca plaisi a ou, cé ca kilti a ou, cé (ça c'est ton plaisir, ta culture)

ca racin' a ou. (tes racines:)

Tambou la, créol' la, Gro-ka la (tambour, créole et Gros ka

Routouné pou ou gadé, (reviens donc pour observer)

Routouné pou ou Apprécié, (pour apprécier)

Routouné pou ou Kouté, (pour écouter)

Routouné pou ou Apren. (pour apprendre)[51]

---

[51]   Adeline Dorlipo, "Vi a ou ti nèg,'", (ta vie, petit nègre) dans *Karukéra*, pp. 67-68.

Dans cette exhortation au retour au pays, l'auteur évoque des fruits comme la goyave, le corossol, la canne à sucre, et aussi le tambour Gros-ka qui représentent chacun et à leur façon l'héritage musical africain et guadeloupéen, le créole, éléments qui symbolisent les différentes racines de la population. Ces images ici n'ont pas une fonction exotique, au contraire elles représentent l'héritage culturel et spirituel des descendants africains dans ce qu'il a de plus profond, surtout le tambour Ka qui a joué un rôle primordial pendant l'esclavage dans les révoltes et la libération des esclaves, de même que dans la vie des Marrons. Cette valorisation de ce qui dans un passé récent était plutôt méprisé et rejeté, est une véritable réaction positive devant la France, l'ancienne "mère-patrie" et les répercussions de cette démythification sont des éléments féconds pour le présent. Même plus, un tel changement va engendrer une attitude créatrice, dans la mesure où les richesses locales de la faune de même que celles spirituelles et culturelles qui avaient été refoulées, vont ressurgir et trouver leur place dans les textes littéraires. C'est aussi un grand clin d'œil au *Cahier d'un retour au pays natal,* ancêtre littéraire qui évoquait déjà l'angoisse et la joie du retour dans l'ici de l'île.

Toute prise en charge de l'ici nécessite non seulement une examination des conditions sociales, culturelles et politiques, mais surtout une examination de la notion de liberté, d'autant plus importante que les populations de couleur avaient été fort dépouillées de leur liberté et humanité. La liberté moderne, a pour but l'abolition de toute forme de servitude à travers une résistance acharnée qui se manifeste politiquement et socialement certes, mais aussi culturellement, surtout par le biais de la littérature. Elle signifie aussi l'acceptation des responsabilités socio-culturelles envers les autres. Avant tout, la lutte pour la liberté c'est également la lutte contre l'aliénation des modèles venus d'ailleurs: styles de vie, religion, éducation, de même que les styles littéraires dont nous parlerons plus tard.

Ici le marronnage intellectuel, culturel, littéraire est revendiqué par poètes et romanciers comme le fait Rony Théophile dans "Tambou ka palé" (Le Tambour parle)

On tambou vine di moin	(un tambour est venu me dire)
Péi la ka chapé	(que le pays partait à la dérive)
On tambou vine di moin	(un tambour est venu me dire)
Fo pa léçé i pati...	(qu'il ne fallait pas le laisser faire...)
On tambou vine di moin	(un tambour est venu me dire)
Pa lagé kilti la	(de ne pas larguer la culture)
Pa lagé folklo la.[52]	(de ne pas larguer les coutumes)

Le pays qui s'échappe, la culture qui s'échappe: ici c'est le tambour, écho sonore de l'existence et de la résistance exprimée en créole qui rappelle à l'ordre et exhorte à la reprise en main de tous les éléments essentiels à une quelconque autonomie. La même préoccupation se retrouve dans la nouvelle de Guy Tirolien, "Mémoire d'un nègre blanc." C'est le sens profond du discours de l'un des orateurs s'adressant à un groupe de travailleurs en grève depuis déjà deux mois:

> Ce pays est devenu un déversoir. Chacun vient s'enrichir sur notre dos (...) Notre mer foisonne de poissons mais nous bouffons de la morue salée (...) Nos enfants demandent du travail, on leur tend un ticket d'avion à tarif réduit pour qu'ils aillent se taper le boulot que d'autres refusent de faire (...) Camarades, je vous le dis en vérité, ce pays est une colonie, la dernière des colonies (...)[53]

Ce refus de demeurer "colonie" est aussi désir d'autonomie et d'identité à assumer en soi et pour soi, désir de s'affirmer autre dans et par son identité.[54]

L'écrit est aussi cet ici pour la plupart des écrivains. Un ici qu'ils précisent par leur personnalité profonde, par leur idéologie et aussi par les demandes de la société guadeloupéenne en perpétuelle évolution. Cet ici retrouvé, la Guadeloupe de Ti-Jean, ou de Sancher, dans *Traversée de la mangrove* de Maryse Condé, est devenu un lieu où il est possible de désormais se

---

[52] Rony Théophile, "Tambou ka palé" (le tambour parle) dans *Karukéra*, p. 216.

[53] *Feuilles vivantes au matin*, pp. 102-103.

[54] Les 5, 6 et 7 avril 1985 s'est tenue à la Guadeloupe la "Conférence internationale des dernières colonies françaises" qui ne faisait que confirmer ce nouvel état des choses quant aux changements désirés.

ressourcer, s'enraciner dans celle qui était devenue une terre
aliénée, un lieu que l'on souhaitait à tout prix quitter. Cette
démarche donne une dimension d'autant plus grande à la révolte
exprimée et se place à la fois au niveau du corps et de l'esprit. Il
arrive que cette révolte ne se réalise pas toujours au niveau social
ou politique réel, vécu mais dans l'art et la littérature, dans
l'espoir, l'évasion ou l'inspiration que l'on peut trouver dans les
œuvres en question. Ce n'est donc pas surprenant si de plus en
plus nous retrouvons le thème du rôle de l'écrivain dans la
société à l'intérieur même de ces textes qui disent l'ici
guadeloupéen. Il arrive même que le personnage de roman
confronte son créateur, en voulant prendre son indépendance en
tant que personnage, ou encore donne son opinion sur les
rapports entre fiction, réalité et écriture. Maryse Condé, dans
Traversée de la mangrove et *La Vie scélérate*, et Daniel
Maximin dans *L'isolé soleil*, soulèvent aussi cette question du
pourquoi de l'écriture, du comment de l'écriture en tant que
stratégie de révolte par exemple. Certains personnages comme
Francis Sancher et Lucien Evariste (*Traversée*), Jean-Louis (*La
Vie scélérate*), Adrien et Marie-Gabriel (*L'Isolé soleil*)
s'interrogent constamment sur la fonction de l'écrivain, sur leurs
projets de fiction et d'histoire, en même temps qu'ils essaient de
se démarquer par rapport aux personnages fictifs ou réels du
texte qu'ils écrivent ou essaient d'écrire. Ils se livrent à une sorte
de descente intérieure en eux-mêmes comme pour mieux
observer analyser les faits et l'environnement où ils évoluent.[55]
Ecrire pour témoigner, pour se libérer et libérer les autres, mais
dans quelle mesure et de quel droit? Faut-il absolument célébrer
l'héroïsme dans le seul but de récupérer le passé et l'histoire
dérobées? Quels sont les vrais rapports entre la fiction et le réel,
l'imaginaire de l'artiste, et la réalité guadeloupéenne
d'aujourd'hui? Faut-il passer outre et s'affirmer en être
indépendant et maîtrisant sa destinée? Sancher mourra sans
avoir écrit son livre, comme il l'avait prédit, pris dans une

---

[55] Voir dans *La Vie Scélérate*, Paris, Seghers, 1987, les réflexions de Coco se
demandant si elle ne devrait pas écrire "l'histoire des miens," p. 325 et
également la fin du texte.

impossibilité de vraiment se dire, de se libérer aussi.[56] Lui,
Sancher le Guadeloupéen dont la destinée est en fait bien
universelle. Comme l'est celle de Wilnor et Marie-Ange qui
représentent tous les exilés et les exploités dans *Ton beau
capitaine* de Simone Schwarz-Bart.

C'est en cela aussi que ces textes ont de plus en plus un accent
bien universel qui depuis les dernières décennies les propulse sur
la scène internationale. Le dialogue inter-îles s'est bien élargi au
monde entier et rejoint les préoccupations de la modernité. Ces
textes sont de plus en plus étudiés, discutés dans les universités
étrangères, en France et aux Antilles:[57] Ils sont aussi l'objet de
colloques internationaux, reçoivent des prix littéraires, sont
inscrits aux grands concours et leur diffusion et traduction se
répandent de jour en jour. Cependant si ces textes écrits en
français font partie du grand ensemble de la littérature de langue
française, il n'en demeure pas moins qu'ils ont leur personnalité
propre et leur identité antillaise et guadeloupéenne qui les
démarque dans bien des cas. Dans cette dernière partie, Histoire
d'une écriture, nous essayerons de dégager ce qui leur donne
cette spécificité. Pour cela nous avons retenu certains traits à
savoir: l'oraliture et la littérature en créole, le caractère métissé
de l'écriture de certains textes ainsi que la symbolique
particulière qui en ressort.

---

[56]   *Traversée*, p.107.

[57]   Il est en effet paradoxal que le œuvres des écrivains ne font pas toujours
       officiellement partie du programme dans les écoles aux Antilles et que
       leur étude dépend trop souvent du bon vouloir des enseignants, prêts à
       leur consacrer du temps pris sur celui du programme officiel.

Troisième partie:

Tann pou konprann!
ou l'histoire d'une écriture

Dans les textes littéraires cités, on distingue différentes stratégies linguistiques qui prennent en ligne de compte les langues française et créole.[1] Ainsi l'usage des langues va lui aussi refléter la complexité et la diversité de l'histoire linguistique de l'île. Quoi qu'il en soit, les textes seront différents selon l'usage individuel qui sera fait des langues. Certains sont écrits dans ce, qu'avec Damas, nous appelons "français de France", "français français."[2] Nous pensons à l'œuvre de Michèle Lacrosil et dans une certaine mesure celle de Guy Tirolien. Il existe aussi des textes où l'écriture est plus distinctement antillaise, guade-loupéenne, plus métissée et se situe entre le français et le créole, les remodelant et les façonnant afin de leur faire exprimer la complexité des réalités antillaises, que ce soit dans les poèmes, romans, nouvelles, pièces de théâtre ou autres créations mixtes et donc difficiles à faire entrer dans les genres définis. Par exemple, certains aspects de la culture orale, tels que proverbes, contes et autres énoncés y sont inclus, en créole la plupart du temps ou alors en un français qui souvent épouse ses structures et sa syntaxe. Enfin il existe une écriture créole à part entière dont les deux groupes d'éléments se trouvent être dans le même champ linguistique. En réalité, ces différentes approches se côtoient, se superposent et se complètent dans la littérature et tout cloisonnement de notre part a pour seul but de faciliter la présentation ou l'analyse de ces textes.

---

[1]   Sur le mot "créole" et ses diverses définitions, voir l'article de Claude Thiébaut, "Comment peut-on être créole?", dans la revue *Autrement*, Série Mémoires, No. 28, janvier 1994, pp. 18-33.

[2]   Voir le poème de Damas "Hoquet", dans *Pigments-Névralgies*, Présence Africaine, Paris, 1972, p. 37.

Chapitre VII
Oraliture créole

Tou sa qi créyôl sé tan nou

Devise de l'ACRA[3]

Il peut sembler paradoxal de parler de l'*oraliture* dans le cadre de la présence *littéraire* de la Guadeloupe. Cependant cela nous paraît tout-à-fait justifié dans la mesure où l'oraliture créole, c'est-à dire tout l'héritage que représentent les contes, proverbes, devinettes, chansons, etc. en langue créole, est aussi l'ancêtre de la littérature en langue créole et française, tout particulièrement pour les écrivains et écrivaines de couleur. Il faut souligner que le statut-même du créole a beaucoup évolué depuis la colonisation de l'île, la traite et l'esclavage. En effet, la langue créole en Guadeloupe occupe aujourd'hui une place privilégiée, ce qui n'a pas toujours été le cas au cours des siècles passés.[4]

---

[3]   L'ACRA est l'Académie Créole Antillaise dont la devise signifie: tout ce qui est créole nous appartient.

[4]   Sur le créole guadeloupéen voir entre autres les ouvrages de Marie-Josée Cérol, *Une Introduction au créole guadeloupéen*, Editions Jasor, 1991; Gérard Lauriette, *Le Créole de la Guadeloupe*, 1982.

La langue créole en Guadeloupe est liée au "contexte du commerce triangulaire, de la conquête des îles antillaises, du mode de production esclavagiste du capitalisme naissant et d'une agression féroce exercée contre les Noirs."[5] Le créole était déjà dans le passé:

> un système sémiologique à "géométrie variable," un *continuum langagier* complexe, qui permet à la fois aux nègres à talents et aux blancs, aux nègres de houe d'être seulement en intercompréhension partielle avec les maîtres, et aux marrons de pouvoir utiliser une strate profonde et secrète de la langue pour ne pas se laisser comprendre des ennemis.[6]

Depuis le XVIIIème siècle le créole faisait avant tout partie de l'oralité, si l'on excepte certains textes en créole qui émanaient principalement de colons blancs. Il s'agissait surtout de traductions: d'une part du catéchisme et d'autre part, de textes de proclamations militaires et officielles des agents du pouvoir local comme central, tels ceux du Directoire (Sonthonax, Leclerc, Bonaparte).[7] Ces textes étaient publiés et avant tout lus en créole, pour s'assurer que la population esclave illettrée entende et comprenne bien lois et décrets les concernant.

Le créole a de tout temps été une langue de seconde classe face au français, langue des maîtres colons, langue de culture, valorisée, privilégiée et légitime, bien que le créole soit pourtant resté la langue de communication entre les maîtres et les esclaves. La situation linguistique si elle tenait du bilinguisme au départ, évolua plus tard vers le diglossisme, vu l'inégalité des

---

5   Dany Bébel-Gisler, *La Langue créole force jugulée,* Paris, L'Harmattan, 1976, p. 117.

6   Lambert-Félix Prudent, "L'Emergence d'une littérature créole aux Antilles et en Guyane," *Présence Africaine,* 1982, nos. 121-122, pp. 111-112.

7   Ainsi dès 1828 en Haïti des missionnaires avaient traduit des cathéchismes. Pour de plus amples détails, voir l'article de Lambert Félix Prudent dans *Nouvelle Revue des Antilles*, No. 2, pp. 31-56 qui mentionne aussi le *Catéchisme en langue créole précédé d'un essai de grammaire sur l'idiome usité dans les colonies françaises* de l'abbé Jean-Claude Goux. Prudent cite également les proverbes créoles inclus dans le livre de Victor Schœlcher, *Des Colonies françaises: Abolition immédiate de l'esclavage*, paru en 1842.

deux langues quant à leur statut social, surtout après l'abolition, où il était important pour les nouveaux libres de bien parler français. Le changement radical que l'on observe depuis ces dernières décennies en faveur du créole s'explique en partie par la prise de conscience dans la population de couleur du rôle important qu'a joué le créole dans son histoire cachée. Aujourd'hui le mot créolité est beaucoup utilisé, et en ce qui nous concerne par créolité nous entendons avant tout l'utilisation de la langue créole pour non seulement communiquer dans le quotidien mais aussi pour transmettre cet héritage dont nous parlions plus haut. Notons toutefois que pour une grande partie de la population de couleur, le créole a toujours été la langue de communication, comme dans les campagnes et dans certains milieux des villes qui n'ont jamais renié cette composante de la culture guadeloupéenne.[8] Cette évolution générale dans le monde contemporain est symbolique des rapports et du conflit avec l'idéologie dominante maintenant où des peuples et communautés en situation coloniale ou néo-coloniale ont effectué un retour à la langue indigène utilisée comme une sorte d'arme contre la domination de la culture colonisatrice. C'est ainsi que depuis la fin des années soixante en Guadeloupe, on observe de nouveau l'utilisation du créole dans la sphère politique, car n'oublions pas que dans le passé, certains journaux, tel Le Peuple d'Hégésippe Légitimus, avaient déjà publié des articles en créole. Les libres de couleur avaient aussi fait usage du créole dans les chansons politiques sur des airs de "Bel-air" comme le témoigne ce texte qui évoque les souffrances vécues et la ténacité du peuple:

en quatre vin neuf	(en mil sept cent quatre vingt neuf)
zott patévlé bay nou yen	(vous ne vouliez riens nous donner)
en quarante huit	(en mil huit cent quarante huit)
zott fait dépoté nou	(vous nous avez fait déporté)
en soixante dix	(en mil huit cent soixante dix)
zott fait massacré nou	(vous nous avez fait massacrer)

---

[8]   Il existe des Guadeloupéens et Guadeloupéennes qui sont avant tout créolophones avec une connaissance limitée du français.

mais la divinité	(mais nos dieux)
paté ka sommeillé	(ne sommeillaient pas)
grand, mais grand, grand	(car grands sont nos dieux)
la divinité grand	(et nous resterons ici)
nou ké rester ici au	(la prochaine)
prochain numéro.[9]	(fois)

De nos jours, l'usage du créole est de plus en plus répandu: chez les militants nationalistes (dans leurs discours, par exemple), parmi beaucoup d'intellectuels qui n'hésitent plus à le parler en public ou l'utiliser dans leurs écrits, chez les jeunes en général, toutes classes sociales confondues. Car il arrivait, et cette situation n'a pas entièrement disparu, que dans certaines familles, interdiction était faite aux enfants de "dire le mot créole" tandis que parents et autres adultes eux le parlaient bien. Les nouveaux adeptes du créole rejoignent la grande majorité de la population pour qui le créole est toujours resté la langue de communication, surtout dans l'intimité du quotidien.

Quelles sont les manifestations de l'oraliture? Les contes, chansons, saynètes, proverbes, comptines et devinettes, i.e., l'héritage en langue créole datant de l'arrivée des premiers Africains sur l'île. Le conte est sans aucun doute le plus familier de ces différents genres, qui ont tous fait le voyage avec les ancêtres d'Afrique et d'ailleurs.

Le conte antillais a ses origines surtout dans le conte africain, mais il a été transformé, selon Ina Césaire, par les circonstances historiques et "il peut être considéré comme la résurgence du conte africain originel," avec toute la symbolique impliquée dans cette image. En effet la violence de la traite, l'esclavage et la colonisation provoquèrent des modifications "au niveau de la symbolique, de la forme et des 'moralités' incluses dans le déroulement des récits.'[10] Citons quelques extraits tirés de l'étude d'Ina Césaire: la gémellité a perdu dans le conte antillais le caractère mythique qu'elle avait en Afrique. Les grands mythes

---

[9]   Chanson populaire créole.

[10] Voir Césaire et Laurent, *Contes de vie et de mort aux Antilles*, Paris, Nubia, 1977, p. 77. A la longue, il a également subi l'influence du conte français.

d'origine prônant la fierté ethnique ont disparu dans cette société où l'esclave occupait la place la plus basse. Autre disparition, celle du "père" du conte africain au profit de la "mère" à cause des changements dans la structure familiale. Enfin il existe aussi des modifications dans la structure sociale, tel que le système de chefferie qui n'existait pas aux Antilles. On découvre également l'intégration d'éléments venant des contes des autres cultures indigènes ou européennes.

Le conte est toujours précédé de devises d'entrée, de formules rituelles que doit énoncer le conteur:

Appels du conteur	Réponses de l'auditoire
krik!	krak!
tim-tim!	bwa-sèk!
aboudou!	dia!
mistikrik!	mistikrak!
La cour dort?	Non, la cour ne dort pas!

A ce moment seulement la séance peut alors commencer. Pendant le déroulement du conte, le conteur reprend de temps en temps, certaines de ces formules pour s'assurer que l'auditoire est bien en éveil, le suit bien et participe.[11] Certains contes relèvent davantage de la légende et incluent événements historiques et autres de la vie en liberté en Afrique, de la vie esclave sur l'île et des rêves de liberté. Souvent ces différents éléments font intervenir le merveilleux. D'autres contes encore relèvent de la fable et du mythe et accentuent l'héroïsme, les épreuves difficiles que doivent accomplir les protagonistes, comme dans la "Geste de Ti-Jean". Nous pensons surtout aux différents contes mettant en scène les animaux qui représentent alors toute une symbolique sociale de groupe hiérarchisée et à caractère psychologique:

Personnage	Symbolisme
Lapin	la débrouillardise, la ruse.
Tigre	la balourdise et la force hysique.

---

[11]   Voir introduction de *Contes de vie*.

Crapaud	le paysan antillais.
Colibri	la révolte.
Poisson-Armé	la répression, au service de Bon Dieu.
Bon-Dieu	le béké.
Tambour	la liberté.

Sous le masque de cette symbolique qui souvent échappait au maître, c'était non seulement la critique et la satire fort violentes de la société esclavagiste qui étaient exprimées, expliquées et transmises dans un but d'édification, mais aussi ces contes représentaient un exutoire pour les populations esclaves comme libres. Selon Ina Césaire ces contes originels se répartissent en contes sorciers, érotiques, animaux, humoristiques, plus la "Geste de Ti Jean" qui fait partie de tout un cycle de contes. Il n'est d'ailleurs pas surprenant que les thèmes récurrents soient ceux de la révolte, la faim, la peur et la défaite qui étaient évidemment la condition des populations africaines et de leur descendance. C'est leur combat contre l'esclavage que l'on peut vivre à travers ces contes: le recours à la ruse avec les personnages de Lapin et Tigre était nécessaire non seulement contre la tyrannie des maîtres mais aussi dans les tentatives de résistance pour acquérir la liberté par le marronnage ou dans la société coloniale post-esclavagiste elle-même. Seule la transgression des règles de la société des maîtres pouvait assurer une réussite quelconque à l'esclave ou à la population marronne de même qu'aux libres qui devaient aussi se débrouiller pour survivre. Et le conte n'a pas fini d'évoluer dans la société contemporaine puisqu'on y trouve de plus en plus d'éléments de la modernité, ce qui atteste non seulement de sa vitalité, mais aussi de la persistance de cet élément originel de la culture antillaise qu'il symbolise. Des écrivains se sont lancés dans l'aventure du conte, ils en créent de nouveaux ou en font des adaptations, comme nous le verrons plus loin. Cependant nous devons souligner qu'une fois écrit, transcrit ou lu (donc sans être vraiment *conté* ou *dit*), le conte, oral par essence, perd beaucoup de ses caractéristiques intrinsèques: mimiques du conteur, autres gestes de communication non-verbale, variations du timbre de la voix, clins d'œil à l'auditoire, réactions et interventions du public, nombreuses redites et répétitions, etc.

Selon la tradition, on "tire" les contes aux veillées ludiques qui dans le temps, se déroulaient généralement dans la cour des habitations. Celles-ci se font de moins en moins nombreuses de nos jours, à cause entre autres, de la trop grande concurrence du petit et du grand écran.[12] En général, les contes ne sont tirés que pendant la nuit selon les traditions africaines, car il y aurait une association énigme/nuit, où:

> la nuit est l'espace temporel où les morts visitent les vivants, la nuit est aussi le cadre temporel où se déplacent les forces surnaturelles de toutes sortes, où de nombreux êtres naturels retrouvent pour l'essentiel leurs capacités à voir l'invisible.[13]

Car sous l'esclavage, comme le suggère Ina Césaire, c'était là l'un des seuls moments de liberté des esclaves.[14] Les contes sont généralement précédés d'une série de devinettes ou d'énigmes que l'assistance doit résoudre et ils sont tout naturellement aussi parsemés de proverbes.

Nombreux sont les proverbes qui témoignent de l'imagination créatrice des cultures africaines tout en définissant règles de conduite, sagesse tirée de l'expérience et du fonds commun. Ils se font ainsi le miroir de la mémoire collective et de la vie de la population de couleur en général. Les proverbes sont très usités et le discours quotidien en français est lui-même constamment ponctué de proverbes énoncés directement en créole ou traduits ou adaptés du créole. Il faut dire qu'il existe

---

[12]   La veillée mortuaire a traditionnellement lieu le soir même ou le lendemain du décès: les conteurs sont de la partie, les blagues sont racontées, on évoque la vie du mort ou de la morte, en bref c'est l'occasion d'évoquer, de célébrer, de pleurer et de tenir compagnie à l'être disparu.

[13]   Raphaël, Ndiaye, "La Notion de parole chez les Sereer (Sénégal)," Thèse de doctorat (Université de Paris, 1981), p.462, cité par Alex-Louise Tessonneau, "La Littérature orale en Guadeloupe et en Haïti est-elle un héritage africain?" *Notre Librairie*, No. 73, pp. 77-85.

[14]   Voir l'introduction de *Contes de vie et de mort*, pp.7-15 et Ina Césaire, "Conte africain originel et conte antillais résurgent," *Notre Librairie*, No. 73, p. 77.

des proverbes pour toutes les occasions et situations. Certains
énoncés proverbiaux se suffisent à eux-mêmes dans un contexte
donné, d'autres dérivent d'un jeu d'images tel que pour les
comprendre il faut "passer de la situation d'origine à la situation
d'emploi" en utilisant un raisonnement par images qui requiert
souvent la connaissance de la culture ou de l'environnement local
ou ancestral.[15] Souvent des références sont faites à la flore, la
faune et à des éléments et faits des différentes civilisations et
ethnies africaines et qui se retrouvent dans leur philosophie
comme dans leurs images:

— *Koko sèk toujou ni dlo:*
(Dans la noix du coco sec, en dépit de son apparence et de son nom,
on trouvera toujours à satisfaire sa soif, car l'eau de coco s'y trouve)

— *bod lan mè pa kwen:*
(Le bord de la mer—et la fin d'une épreuve difficile—n'est jamais très
loin sur l'île entourée d'eau; il faut savoir être patiente)

— kimbé rèd pamoli:
(Il faut tenir bon et ne pas se décourager ou faiblir)

— *An ja vwè van vanté, koko vèt tonbé é koko sèk rèsté an pyé:*
(Même dans la plus terrible tempête, on peut voir la noix du coco
encore verte tomber mais celle du coco sec rester sur l'arbre:
l'apparence est trompeuse)

— *a dan on kalbas tini dé kwi:*
(Toute calebasse produira deux récipients: l'inévitabilité des choses)

— *Apwé bal tanbou lou:*
(Après le bal on trouve que les tambours sont plus lourds qu'au
début: la relativité des choses)

— *an la dirila ka gonflé:*
(Se trouver là où le riz cuit, pour être certaine de recevoir sa part)

— *An ni kouto i sav sa i ka pasé an kyé a jironmon:*
(Seul le couteau sait ce qu'il y a au cœur du giraumon)

---

[15]   Voir Jean Cauvin, *Comprendre les proverbes:* Les Classiques Africains,
Issy les Moulineaux, Editions St. Paul, 1981.

— *Baton-la ki bat chyen nwè-la pé bat chyen blan-la:*
(Le même bâton qui bat le chien noir peut aussi bien battre le chien blanc)

— *elèksyon san fwod, sé koubouyon san piman:*
(Des élections sans fraudes seraient comme un court-bouillon sans piment)

— *Fanm tonbé pa ka jen dézèspéré:*
(La femme dans le malheur garde toujours l'espoir)

— *lè milat ni on vyé chouval, ika di négrès pa manman a-y:*
(quand le mulâtre a un vieux cheval, il affirme que la négresse n'est pas sa mère; mulâtre vient de mule qui peut être le croisement du cheval et de l'ânesse)

— *on fanm sé chatengn, on nonm sé fouyapen:*
(La femme est une châtaigne, l'homme un fruit à pain: la châtaigne reste intacte au sol quand elle tombe de l'arbre, le fruit à pain lui s'y écrase)

— *Pawol an bouch pa chaj:*
(parole dans la bouche n'est pas une lourde charge, il y a loin du dire au faire)

— *Zandoli paka jen mété pantalon a mabouya:*
(L'anolie ne porte jamais les pantalons du mabouya)

— *Bal fini, violon an sak:*
(A la fin du bal, on range les violons: tout doit toujours rentrer dans l'ordre à la fin)

C'est ainsi que toutes les composantes et structures de la société se retrouvent dans les proverbes et devinettes: classes sociales et leurs relations, préjugés raciaux et autres, paysage, flore, faune, activités quotidiennes, naissance, vie, mort, philosophie, valeurs du groupe, interdits, croyances. C'est le peuple même et sa mémoire collective qui s'expriment à travers ces formes culturelles. Jean Pierre Jardel distingue toute une série d'ensembles et de sous-ensembles classés selon les thèmes, les institutions et les activités sociales dont les proverbes relèvent de façon universelle: la famille, la société et ses divisions, les règles de conduite, les activités du groupe, la vie et la notion de temps, les croyances.[16]

Quant aux devinettes, en plus de leur caractère ludique, elles ont toujours joué un rôle didactique important, surtout quand aucune éducation formelle n'était alors accessible aux esclaves. Elles tirent leur matière de la faune et la flore la plupart du temps et ont longtemps représenté les seuls livres naturels à pouvoir être feuilletés sans danger de punition de la part des maîtres, qui craignaient toute forme de savoir chez leurs esclaves. Citons quelques devinettes, aussi appelées "titimes", qui est le terme donnant le signal du début de la séance, puis l'auditoire répond "bois sec!"

— dlo doubout (de l'eau debout):
   coco (la noix de coco)
— dlopend (de l'eau pendue):
   kann   (la canne à sucre)
— dlo monté mon (l'eau monte le morne):
   coco (le coco)
— tabliyé madanm dèyè do ay : zong (le tablier de madame est
   derrière son dos: l'ongle)
— an caye asi on sèlpoto (maison sur un seul pilier)
   parapli (le parapluie)
— kat ti fiol chalviré san bouché, ayen paka tonbé manmèl an vach
   (4 flacons pleins, ouverts, renversés: rien n'en tombe: les
   mamelles d'une vache
— Moin ka rantré lanmézon épi tout komoin, tèt moin dewo: an klou
   je rentre entièrement dans la maison mais seule ma tête reste
   dehors: un clou
— di fé an lè (du feu suspendu):
   an lamp (une lampe)
— an kaz toutan finèt: i ni an sèl pot: an nas
   (une case toute en fenêtre avec une seule porte: une nasse)
— pwèl an ro, pwèl an ba, coco an mitan: zié
   (poils en haut et en bas, coco au milieu: l'œil)
— dé ti kwi minm grandè: sièl et pi la tè
   (deux couis de la même taille: le ciel et la terre)

---

[16] Jean Pierre Jardel, *Les Proverbes créoles de la Martinique*, CERAG, pp. 19-34. Voir aussi son article, "Contes et proverbes créoles des Petites Antilles: témoins d'une culture du passé ou d'une culture dépassée?" dans *Etudes Créoles*, décembre 1979, pp. 13-23.

— an madanm an vè, tout ti moun aye nwè: corosol
(dame habillée de vert, ses enfants habillés de noir: le corossol)
— négrès ka joué violon pandan ti béké ka dansé: canari di ri asou di fé.
(la négresse joue du violon pendant que les petits blancs dansent: la marmite pleine de riz sur le feu)
— moin ka maché ika maché, moin doubout i ka maché: an mont
(je marche elle marche, je m'arrête elle marche toujours: une montre)
— moin lonjé i doubout, moin doubout i lonjé: pié
(je m'allonge il est debout, je me lève il est allongé: le pied)

Ces exemples illustrent le rôle des éléments de la flore et la faune, et la façon dont l'esprit d'un enfant est sans cesse stimulé dans la résolution de ces titimes. On retrouve titimes, proverbes et contes dans les textes de fiction qu'ils ponctuent de leur sagesse. Souvent en effet, ils donnent à ces œuvres une couleur et un rythme qui relèvent davantage de l'oralité. Nous pensons surtout à *Pluie et vent sur Télumée-Miracle, Feuilles vivantes au matin, Ti-Jean l'Horizon, L'Isolé soleil, Soufrières, Traversée de la mangrove* où les proverbes rythment l'action et structurent le caractère même des personnages. Les proverbes et les contes font littéralement avancer l'action d'autant plus que ce sont eux qui guident les personnages, leur insufflent courage et volonté pour les épreuves difficiles qu'ils ont à affronter. Les proverbes, surtout ceux si nombreux se rapportant aux caractéristiques de la femme antillaise, représentent l'expérience telle qu'elle est vécue par les héroïnes comme Télumée qui doit seule guider le cheval et non pas se laisser mener par lui, et donc par Elie. On note donc que proverbes et contes jouent un rôle similaire à celui du mythe dans la mesure où eux aussi structurent les romans. Ils aident à transformer la vie et à transcender la souffrance quotidienne. L'oraliture créole ne se limite pas aux formes jusque-là signalées et la chanson et la musique y tiennent une place importante. Ce sont d'ailleurs les formes artistiques les plus populaires et accessibles à tous, surtout la chanson en créole. Celle-ci a toujours exprimé la vie guadeloupéenne sous tous ses aspects et sans restriction aucune, agissant en véritable réservoir et dispensaire d'identité.[17]

L'une des manifestations musicales récentes est le Zouk[18] qui depuis les années quatre-vingt, joue un grand rôle culturel. La plupart des groupes, dont Kassav, chante presqu'uniquement en créole et beaucoup de leurs textes lyriques soulèvent de graves questions sociales et politiques telles que certaines relations homme-femmes typiques dans les mœurs guadeloupéennes,[19] la libération des femmes, l'attitude nouvelle des hommes, le SIDA,[20] et surtout l'importance des ancêtres,[21] de la culture créole[22] et de la langue elle-même.[23] Le zouk en général, et Kassav en particulier, sont ici des exemples parmi d'autres. Il faut bien souligner qu'en Guadeloupe la musique a toujours été le signal de la vie culturelle sociale, amoureuse et politique et que le Zouk ne fait que continuer cette tradition. Cependant les nouvelle générations de musiciens et musiciennes sont les héritiers et héritières directes des Léona Gabriel, des musiciens de gros Ka et autres ancêtres qui ont eux aussi chanté leur époque. Chanteurs et chanteuses d'aujourd'hui peuvent atteindre un public de plus en plus international, grâce aux réseaux de distribution, aux médias et à un intérêt de plus en plus développé pour les musiques dites "ethniques." Il s'ensuit que le créole assume ici une nouvelle position de pouvoir, dans la mesure où il sert de langue de ralliement et de moyen d'identification pour ceux et celles de la Diaspora non seulement guadeloupéenne mais aussi la diaspora des langues créoles dans le monde entier.

---

[17] Ainsi la chanson "La Grèv baré mwoin" (J'ai été arrêté par la grève).

[18] Sur cette question, voir en particulier le chapitre 10 dans Jocelyne Guilbault, avec G. Averill, E. Benoit et G. Rabess, *Zouk: World Music in the West Indies*, The University of Chicago Press, Chicago, 1993.

[19] Ecouter *Sa ki ta la* par Jocelyne Béroard. (Qui donc est celui là?)

[20] Ecouter *Ou pè sida? Non!* par Sartana. (As-tu peur du SIDA? Non!).

[21] Ecouter *Pou zot* par Kassav. (Pour vous).

[22] Ecouter par exemple: *Tambou* (le tambour) par Tanya St.Val qui prône les valeurs guadeloupéennes.

[23] Les boléros, généralement chansons d'amour, sont traditionnellement en français.

En fait le créole rassemble aussi les non-créolophones grâce à l'internationalisation du Zouk en particulier et de la musique guadeloupéenne et antillaise en général. La musique et la chanson sont aussi une nouvelle métaphore pour représenter la population de l'île, à savoir le métissage qui caractérise la culture bien enracinée dans le créole. Il est certain que grâce à la musique et la chanson, la langue créole est en train d'acquérir ses lettres de noblesse, ce qui pourrait également avoir quelques répercussions dans les domaines culturel comme politique pour la Guadeloupe. Les textes mêmes de ces chansons sont davantage soignés, certains sont de vrais poèmes et les groupes n'hésitent pas quelquefois à faire appel aux écrivains et écrivaines pour la composition de leurs paroles.[24]

L'oraliture sous ses diverses formes assume donc une triple fonction. Elle est à la fois divertissante, édifiante et stratégique. Elle conserve, transmet et aussi transforme et adapte la culture autochtone traditionnelle tout en racontant à sa façon le passé, l'histoire et le présent de l'île. C'est elle qui témoigne de la culture populaire telle qu'elle a pu exister pendant la traite et l'esclavage et telle qu'elle a évolué et évolue encore. C'est en elle encore que repose la mémoire collective des mots et des différents groupes tels que Arawaks et Caraïbes. Elle reflète d'autre part la société coloniale esclavagiste et les rapports de dominants-dominés qui l'ont caractérisée.

L'oraliture enfin sert de stratégie de révolte ou de marronnage culturel, lorsque par exemple l'utilisation de la langue créole, en excluant les non-créolophones, permet au groupe de jouir d'une certaine connivence et intimité, quelquefois nécessaires pour se retrouver dans une atmosphère à la "nous-mêmes-nous-mêmes." Ce qui peut expliquer en partie que depuis ces dernières décennies, on note l'émergence d'une littérature en créole. Il s'agit non plus de traductions ou de transpositions d'œuvres métropolitaines françaises[25], ou encore

---

[24] Voir les nombreux textes composés par Ina Césaire pour Malavoi.

[25] Voir les transpositions en créole des fables de La Fontaine par François Marbot en Martinique publiées en 1826 et intitulées: *Fables de La Fontaine travesties en patois par un vieux commandeur*, Réédition

de textes donnant une image plutôt stéréotypée de la population
de couleur en particulier.[26] Ce sont au contraire des œuvres
originales et nées de la prise de conscience de la place du créole
dans le passé certes, mais surtout dans l'avenir de la société
guadeloupéenne et le développement de son identité linguistique
et culturelle.

Casterman, Paris, 1976. Paul Baudot en Guadeloupe l'imitera par la suite.
Les fables et contes d'animaux d'origine française appartenaient à la
tradition d'allégorie socio-politique et les maîtres pouvaient comprendre
leur stratégie et symbolique, ce qui n'était pas toujours le cas avec les
contes d'origine africaine.

[26] Voir les pièces et poèmes en créole de Gilbert de Chambertrand qui
évoquent les mœurs populaires locales.

Chapitre VIII
Littérature créole

*Mwen sé timoun enkyèt a on lilèt enkyèt. On ti
lilèt pri nèt an zatrap a dé pyèt a on vyé krab-
wontèz: —on pyèt anlè, on pyèt anba.—*

Sonny Rupaire

La littérature en créole a vu le jour bien avant que le concept de
"créolité" devienne à la mode. Ce terme recouvre tout ce qui a
un rapport plus ou moins direct avec la langue créole.[1] et surtout
il signifie aussi la reconnaissance et l'acceptation des valeurs et
de l'héritage associés au créole. Les premiers textes littéraires
guadeloupéens en créole remontent à ceux de Paul Baudot,

---

[1]   Sur le créole voir entre autres: Dany Bébel-Gisler et Laénnec Hurbon,
       Cultures et pouvoir dans la Caraïbe, Paris, L'Harmattan, 1975; Dany
       Bébel-Gisler, *La Langue créole, force jugulée*, Paris, L'Harmattan, 1976;
       Lambert-Félix Prudent, *Des Baragouins à la langue antillaise*, Paris,
       Editions Caribéennes, 1980; Patrick Chamoiseau, Raphaël Confiant,
       Lettres créoles, Paris, Hatier, 1991. Sur la créolité voir entre autres Jean
       Bernabé, Patrick Chamoiseau, Raphaël Confiant, *Eloge de la créolité*,
       Paris, Gallimard, 1989.

notaire béké, qui écrivit *Œuvres créoles* vers 1850 et laissa poèmes, fables, pièces, saynètes, contes ainsi qu'un opéra en 1856.[2] Avant lui, en 1769, un des gouverneurs de la Guadeloupe, Bouille, aurait composé la célèbre chanson "Adieu foulards, adieu madras." Lorsque ces textes n'avaient pas un but didactique ou politique, ils dénigraient la population noire et étaient parsemés de toutes sortes de stéréotypes quant à leurs soi-disant caractéristiques primitives. Puis en 1885, Alfred Parépou publie *Atipa, roman guyanais*[3], où il prône une authenticité créole avant la lettre. Pour la Guadeloupe, en 1935, année du Tricentenaire[4] de l'attachement des Antilles à la France, c'est un béké, Gilbert de Chambertrand, membre de l'ACRA, qui publie en 1935, un recueil d'inspiration doudouiste, *Manzè Elodie*, et plus tard *Dix bel conte avant cyclone*.[5] Dans ses textes en créole on discerne un ton condescendant, bien souvent cru ou grossier surtout dans les descriptions des mœurs de la population de couleur. Pourtant cette entreprise aurait pu être bien plus intéressante et positive, dans la mesure où il voulait dépeindre le quotidien de la population et ce dans sa langue vernaculaire. Ses saynètes qui furent jouées dans les rues de Pointe-à-Pitre et Basse-Terre peuvent être considérées comme des ancêtres du "téat la ri', qui consiste en pièces ou saynètes en créole, jouées sur les places publiques ou dans les rues des villes et communes. Si ces textes n'étaient guère lus par le grand public, de par leur diffusion restreinte et les habitudes de lecture différentes d'aujourd'hui, il n'en demeure pas moins que les pièces et saynètes avaient au moins l'avantage d'être jouées devant un public plus large et surtout populaire. Par la même occasion, le créole se trouvait valorisé en tant que digne de communiquer des œuvres artistiques et cela à une époque où il n'avait pas le statut

---

2   Il existe une réimpression de son œuvre publiée par le Comité Départemental de l'Année du Patrimoine à Basse-Terre en 1980.

3   Ce texte fut réédité avec une traduction en français, en 1980 aux Editions Caribéennes.

4   "Trisangtenaire", comme l'écrit Max Jeanne dans *Western*.

5   Doudouisme: mode qui accentue l'exotisme, le superficiel, sans jamais vraiment rendre compte de sentiments réels.

de langue à part entière qu'il possède aujourd'hui. En plus de cette fonction esthétique et littéraire, le créole gardera toujours son rôle capital dans la transmission de tout le savoir sacré et secret se rapportant aux nombreuses données et traditions populaires médicinales, religieuses et magiques. C'est la langue des quimboiseurs, gadèdzafè, doktèzèb et autres spécialistes que certains regardent comme des personnages folkloriques, mais qui en Guadeloupe, qu'on l'avoue publiquement ou non, tiennent une grande place dans la vie de toute la population, sans distinction de race ou de classe.

Un autre groupe, celui des grammairiens, s'intéressa de plus près au créole, ce qui contribua à faire davantage connaître cette langue, considérée par les Français de métropole, comme un simple patois exotique et mineur. Toutefois certains romanciers français métropolitains n'hésitèrent pas à faire parler leurs personnages antillais dans leur langue d'origine, comme Victor Hugo dans *Bug Jargal*. Hugo utilise le créole pour accentuer la couleur locale de son récit et par là-même est l'un des premiers écrivains métropolitains à reconnaître et donner au créole son statut de langue littéraire.

Cependant, la véritable renaissance du créole en Guadeloupe a été l'œuvre de Rémy Nainsouta, longtemps maire de la commune de Saint-Claude en Basse-Terre, qui fonda en 1938 l'Académie Antillaise de Créole, (ACRA) (avec Bettino Lara et Roger Fortuné) et la *Revue Guadeloupéenne* où étaient publiées des études sur le créole.[6] Leur objectif était la défense et illustration de la langue créole, avec à l'appui, des séries de conférences, des pièces de théâtre, des articles en créole dans la presse, comme dans *Le Dimanche sportif et culturel*. L'année 1947 vit le lancement des "Jeux Floraux" en langue créole qui devaient couronner, parmi d'autres lauréats, l'écrivain Sonny Rupaire, qui, jusqu'à sa mort en 1991, a non seulement écrit de nombreux textes en créole mais aussi beaucoup milité pour la cause créole et l'indépendance de la Guadeloupe. Donc un effort

---

[6] Sur la Revue Guadeloupéenne et l'ACCRA, voir Jack Corzani, *La Littérature des Antilles-Guyane françaises*, Tome V, Editions Désormeaux, 1978, pp. 186-199.

systématique était fait pour fixer dans l'écrit l'oraliture et la culture créoles.

L'avènement de cette littérature va permettre au créole de fonctionner comme langue revendiquée par les Guadeloupéens et Guadeloupéennes, et ceci dans la mesure où de langue dénigrée, elle devient langue de création artistique, langue de l'expression de la personnalité guadeloupéenne profonde en quelque sorte, maintenant qu'il n'y a plus ou presque plus de honte à la revendiquer, tout au contraire. Cependant il ne faudrait pas sous-estimer le travail linguistique, pédagogique, social et politique qui reste à accomplir pour que la langue créole puisse être couramment écrite, lue et appréhendée comme véritable instrument de communication par tous et toutes et non plus seulement par quelques privilégiés seuls capables de la lire et l'écrire. Pour cela il est vrai que de grands efforts ont déjà été accomplis dans la presse, à la radio et dans les écoles pour la rendre plus facile d'accès. Ces efforts sont aussi liés à ceux entrepris pour faire mieux connaître et aussi découvrir les héros et héroïnes du passé de l'île. Nombreux sont les journaux, revues spécialisées et magazines qui se livrent à une forme ou une autre d'alphabétisation créole ou dédient au moins une ou plusieurs colonne à la question du créole. En 1966, Gérard Lauriette a fondé l'Association Guadeloupéenne d'Education Populaire" (AGEP). 1975 a vu la création du GEREC (Groupe d'Etudes et de Recherches en Espace Créolophone). En 1976 et 1977 ce fut la création de la revue du GEREC: *Espace Créole* et *Mofwaz*, revue de pédagogie créole. La Ligue d'Union Antillaise (LUA) a développé à Paris en 1975 une presse créole pour les migrants antillais du continent (*Jingha* et *Djok*). Enfin au niveau universitaire de nombreux chercheurs, chercheuses et spécialistes travaillent sur les langues créoles, organisent des colloques internationaux consacrés au créole tels que ceux tenus à Nice, aux Seychelles, à Sainte-Lucie, à Lafayette, etc. Il y a donc un effort délibéré pour un travail néologique[7] sur le

---

[7] Voir le petit ouvrage de Sylviane Tèlchid, *Jé kréyòl*, Editions AKPK, Pointe-à-Pitre, 1983, où elle propose une série d'exercices de vocabulaire sous la forme de jeux divers: trouver l'expression créole profonde, mots

vocabulaire créole même, afin d'éviter qu'il ne soit trop ésotérique ou alors copie plus ou moins directe du français.[8] Car il existe une forte tendance à ou franciser ou utiliser des vocables français dans l'ignorance des termes créoles, un véritable phénomène de déperdition dû à des substitutions de mots et expression françaises. C'est là une situation fréquente chez ceux ou celles qui ne maîtrisent pas ce qu'on peut appeler "gwo kréyol la," la langue profonde ou qui l'ont peu pratiquée ou entendue. Il est vrai que cette tâche peut être facilitée grâce à la publication de grammaires créoles,[9] de méthodes d'apprentissage du créole: *Bé a ba jou démaré*,[10] *Le Créole (guadeloupéen) sans peine*,[11] d'ouvrages sur la langue elle-même: *Une Introduction au créole guadeloupéen*,[12] de dictionnaires: *Dictionnaire pratique du créole de Guadeloupe*,[13] *Dictionnaire créole français avec un abrégé de grammaire créole et un lexique français-créole*,[14] *Diksyonnè kréyol fwansé, épi pèmyé kanman asi lang kréyol-la é tout ti-pawòl moun ka di*,[15] ou encore le *Dictionnaire*

---

croisés, proverbes, etc.

[8] Jean Bernabé parle de "kréyol-ti-mons" (créole petit monstre) ou de "créole Frankenstein" pour désigner le créole de laboratoire élaboré par les chercheurs en linguistique.

[9] Voir entre autres, Robert Germain, *Grammaire créole*, Paris, L'Harmattan, 1983; Jean Bernabé, *Grammaire créole, Fondas kréyol-la*, Paris, L'Harmattan, 1987.

[10] Igo Drané, Daniel Boukman, Conrad Caesar, Max Catayée, *Bé a ba jou démaré, manuel d'alphabétisation en créole*, Paris, Editions Mango, 1989.

[11] Hector Poullet et Sylviane Telchid, *Le Créole sans peine*, Paris, Assimil, 1990.

[12] Marie-Josée Cérol, *Une Introduction au créole guadeloupéen*.

[13] Henri Tourneux et Maurice Barbotin, avec la collaboration de Marie-Huberte Tancoms, Paris, Karthala/A.C.C.T., 1990.

[14] Ralph Ludwig, Danièle Montbrand, Hector Poullet, Sylviane Telchid, *Dictionnaire créole français (Guadeloupe)*, Pointe-à-Pitre, SERVEDIT/Editions Jasor, 1990.

[15] Hector, Poullet, Sylviane Telchid, Danièle Montbrand, *Dictionnaire des expressions du créole guadeloupéen*, Fort-de-France, Hatier-Antilles, 1984.

élémentaire français-créole,[16] de journaux et revues scientifiques: *Antilla Kréyôl, Espace créole, Grif an tè,*[17] ou de revues pédagogiques: *Jé kréyòl, Fouyota Kréyol, Mofwaz,* etc. A côté de Dany Bébel-Gisler, nous devons citer le chef de file de la créolité, Hector Poullet dont le dictionnaire a eu un grand succès et dont l'action continue pour la promotion du créole est certainement pour une grande part dans l'engouement populaire pour les recueils de contes, de chansons et de jeux en créole récemment parus.[18]

Toutefois et c'est là un fait d'importance capitale, quel que soit le travail fait ou qui se fait pour la promotion de la langue créole écrite comme orale, il doit et devra prendre en ligne de compte les populations créolophones elles-mêmes et tout particulièrement celles qui parlent uniquement ou principalement le créole. La théorie et les discours sur la langue sont une bonne chose, soit, mais la réalité linguistique quotidienne en est une autre. Et les théoriciens auront beau énoncer des règles pour tel ou tel système graphique, il reste que le créole est une langue qui vit, évolue et ne cesse de se ressourcer à sa façon. Il faudra faire en sorte de ne pas perdre les bases profondes de la langue, son fond basilectal, ceci dans un souci d'uniformisation ou de simplification de la langue. Au contraire il est urgent de l'intégrer ou la réintégrer dans le quotidien, dans le réel mais pas de façon artificielle. Il s'en suit qu'une des conditions nécessaires pour que le créole puisse vraiment exister en tant que langue littéraire, est la production: une production reconnue et encouragée et pas seulement celle écrite et publiée des intellectuels et écrivains, mais aussi celle, plus souvent orale et donc pas toujours aussi bien connue, des travailleurs, du peuple tout entier qui à travers sa langue qui évolue, peut vivre pleinement son histoire et sa culture.

---

[16]   Pierre Pinalie, *Dictionnaire élémentaire français-créole*, Paris, L'Harmattan, 1992.

[17]   Cette revue, maintenant défunte, parut de 1977 à 1982. C'est là que le système d'écriture du créole du GEREC fut diffusé.

[18]   Voir par exemple le recueil de Lucie Julia, *Montrésor à Mantidou*, Paris, L'Harmattan, 1992.

Quels sont donc ces textes en créole? Les poèmes dominent, peut-être à cause des possibilités d'édition plus diverses telles que la publication à compte d'auteur de petites plaquettes, d'autant plus faciles pour la distribution commerciale ou non.[19] Mais aussi parce que la poésie reste en Guadeloupe la forme traditionnelle d'expression pour quiconque se lance dans l'aventure littéraire, qu'elle soit révolutionnaire, engagée ou écrite comme simple divertissement ou témoignage personnel ou universel.

Poètes et poétesses viennent de milieux divers et sont de formations très variées. Bien qu'étant de statures différentes, leur point commun demeure une affirmation et célébration de la population et des divers aspects de la vie, dans ses moments de peine comme de joie. Ici une scène de marché toute simple:

Ouais, vini vrè ça!	Oui, venez voir cela!
Tout moune la ka acheté,	Tout le monde achète
Ki nèg, ki malaba,	Noirs comme Indiens
Ki zoreille, ki albinoce,	Blancs comme albinos
Ki nomme, ki femme. (...)	Hommes comme femmes
Ouais! vini vrè ça!	Oui, venez donc voir cela
Ki nomme, ki femme	Hommes comme femmes
Yo la ka fè cé machande la	Et tous font nos marchandes
Cé bèl machande la	Nos belles marchandes
Vende produi local![20]	Vendre nos produits locaux

Elle met l'accent sur la vente des produits locaux, point important lorsque l'on sait les difficultés qu'ont les éleveurs, petits cultivateurs et marchands du pays en face des produits importés de France, subventionnés par le gouvernement et vendus dans les supermarchés et autres grandes surfaces à des prix défiant toute concurrence. Ici c'est le rythme accéléré de la vie et le potentiel de révolte qu'évoque Fernel Maximin:

---

[19] De nombreuses publications ont consacré des numéros spéciaux à la poésie avec des textes en créole, tels que *Antilla spécial: voyage au cœur de la poésie* en juillet 1984.

[20] Monique Chabral, *Karukéra*, p. 38.

Ti figue	Petite banane verte
Et l'huile,	Avec de l'huile
Fatigue	Fatigue
Et bile;	Et souci
Morie Salée,	Morue salée
Patate Rotie,	Pomme sautée
En hate valée.	Vite avalée
Toujou pressé,	Toujours pressé
Raide au boulot;	Dur au travail
Sans caresser,	Sans caresse
Sans yon ti bo (...)	Sans petite bise
Mé, si, yon jou	Mais le jour où
Colè lévé,	La colère éclatera
Yo ké di nous	Ils diront que nous sommes
Mal-élivé.	Des mal appris
Tambou di-Dié,	Tonnerre de Dieu
Yo scélérats (...)	Ce sont des ignobles
Soleil lévé	Soleil levé
Karukéra!!![21]	Karukéra!!!

Dans un autre registre, Sonny Rupaire, à la fin de son long poème "Mwen sé Gwadloupéyen," clame son appartenance à cette terre antillaise, celle de ses ancêtres et il chante la vie de combat qui fut la leur. Sa revendication de l'identité est marquée par l'emploi du "zot", l'oppresseur, l'autre, le maître, et qui revient comme un leitmotiv tout au long du poème en position de plus en plus accentuée face au "yo" interne de la collectivité:

Jodijou	Aujourd'hui,
mwen pé gadé'w anmitan zyé san bat zyé	Je peux te regarder dans le blanc des yeux sans battre la paupière
pou di'w	afin de te dire que je suis
mwen sé fanmi a sé fanm é nonm chikay la sa,	de la famille de ces hommes et femmes déchiquetées
pitit a tout sé-la *zot* té raché anba	le descendant de tous ceux que *vous* avez déracinés
– la an tè a yo	de leur terre
é ki téré isidan an tè a yo,	enterrés ici sous leur terre
pitit a tout langaj mélanjé,	le descendant de toutes les langues mélangées

---

[21] Fernel Maximin, publié dans *L'Etincelle*.

...
wouj, blan, nwè, malaba
...
ki bityé bwa ba *zot.*
Mé yo pran bwa osi,
pou mawon-zot osi,
pou bwavé-zot osi,
pou té grajé on sèl langaj asi graj

a lang a yo-chak,
pou té kongné gwoka kon kè a yo
   té ka kongné,
pou té désann kon flanm-difé asi
   pérézité a *zot,*
pou pa té disparèt kon bèt anba
   tè,
pou yo té rézisté,
pou yo té libéré asi tè la sa menm
   é pa an paradi.
Yo gangné tit a yo pou pitit a yo
   tout.
Pou nou ki la alèkilé pa té
   koulé.[22]

...
rouge, blanc, noir, indien,
...
qui ont défriché *vos* terres, mais
eux ont pris le maquis aussi
pour vous marronner aussi
pour vous résister aussi
afin de raper une langue unique
   sur la râpe
de chacune de leur langue
pour battre le gros ka comme
   leur cœur battait
pour descendre comme la flamme
   sur *votre* peur à vous
pour ne pas disparaître comme
   une bête sous la terre
pour résister,
pour se libérer sur cette terre
   même et non pas au paradis
ils ont arraché leur nom pour
   tous leurs enfants
pour que nous aujourd'hui nous
   ne périssions pas

Ces mêmes thèmes d'endurance et de fierté et aussi ceux du passé, de la condition des esclaves, des luttes qui menèrent à l'abolition définitive, de la résistance passée et actuelle, de la vie quotidienne, de l'amour, des déceptions, du racisme, se retrouvent dans les poèmes en créole de Sonny Rupaire et d'Hector Poullet. Mais citons également quelques nouvelles voix qui ont aussi leurs poèmes créoles à dire et à écrire. Bien que certains en sont à leurs balbutiements et ne possèdent pas encore une maîtrise que d'autres ont acquise, certains textes font preuve d'une présence poétique dont il faut tenir compte tels que ceux de Rosanne Anicette,[23] Gérard Elice,[24] Joël Girard,[25] W. Vali,[26] ou

[22] Sonny Rupaire, "Mwen sé Gwadloupéyen," *Présence Africaine,* Nos. 121-122, 1982, p. 236.

[23] Dans *Présence Africaine,* Nos. 121-122, Paris, Présence Africaine, 1982, pp. 197-198.

[24] Jéra Elice, *Zozio, poêm,* MJC Abymes, sd.

Adéline Dorlipo, cette dernière qui, dans "Vi a ou ti neg,[27]" incite au retour au pays. On peut constater cet engouement et cette soif de s'exprimer dans les différentes revues littéraires, dans les différents magazines hebdomadaires ou mensuels, et dans les nouveaux recueils publiés par différents éditeurs. Le numéro spécial de *Présence Africaine*, intitulé *Présence Antillaise* a été sans aucun doute le plus représentatif de ce nouvel état d'esprit. Citons aussi le numéro spécial d'*Antilla* et qui rassemble une pléiade de poètes, connus et nouveaux, dont certains écrivent en créole, tels Ernest Pépin, Joss Lubeth, Eric Lauretta.[28] La revue *Europe,* consacra son numéro d'avril 1980 aux littératures de la Martinique et de la Guadeloupe et on y trouvait déjà des poèmes en créole.[29]

Parmi les grands créolistes de la Guadeloupe, Sonny Rupaire fut et restera une grande voix comme celle d'Hector Poullet (Ekto Poulé) aujourd'hui. Son recueil *Pawol an bouch/Paroles en l'air* (1982) est l'un de ces ouvrages bilingues où les deux versions, créole et française, sont imprimées tête-bêche. Poullet dit bien que:

> On ne m'a guère laissé la liberté de parler ma langue (...) Voilà pourquoi j'ai un langage dans la tête et un autre dans le cœur (...) (Aujourd'hui) je cherche à tresser les brumes d'hier avec celles de demain dans le but de faire un foulard torsadé qui sur ma tête fera mieux tenir ma charge. Mais quelle charge? Ma charge c'est moi, c'est ma langue, c'est elle qui me fait porte-parole.[30]

---

[25] Joël Girard, *Paysages* (poèmes), Le Moule, Bois Carré, 1983.

[26] Voir son recueil, *Louké*, Pointe-à-Pitre, AKPK, 1983, et aussi *Les Chanteurs de l'espoir*, un drame d'inspiration dans une forme poétique sur Delgrès et les événements de 1802.

[27] Dans *Karukéra anthologie*, pp. 67-68.

[28] *Antilla, Voyage au cœur de la poésie*, Juillet 1984.

[29] Ce numéro avait aussi des textes des Martiniquais Daniel Boukman, Joby Bernabé et Monchoachi, trois autres grands chantres de la poésie en langue créole.

[30] Voir "Préface" d'Hector Poullet, *Pawol an bouch/Paroles en l'air*, Fort-de-France, Désormeaux, 1982, p. 5.

Les poèmes, "Le Baillon" et "Pour parler," reflètent ce déchirement linguistique qu'il décrit.[31] Dans la deuxième partie de *Cette igname brisée qu'est ma terre natale,* rédigée en créole, intitulée "Ti cou baton," Sonny Rupaire illustre on ne peut mieux ce nouvel état d'esprit, cette prise de conscience des problèmes spécifiques de la population d'aujourd'hui: ainsi les poèmes: "Chien" (à propos d'un événement racial de l'époque), "Chopine et dimi-po" (à propos d'Ignace et de Pélage), et "Kè ou lé stonmac" et "Migan" (qui exhortent à lutter contre certaines conditions inadmissibles au pays).[32]

La situation des Antillais en France est aussi évoquée, comme dans la nouvelle "Chofè taksi-la" où Roger Vali met en scène deux compatriotes guadeloupéens qui se retrouvent dans un taxi, l'un chauffeur et l'autre passager et parlent en créole de leur vie. Le "client" remarque que "pendant que nous tournions place Denfert-Rochereau, je sentis que cet homme était content de parler sa langue avec un compatriote" et de conclure :[33]

> Men kongnéla an savé, lè an ké kriyé on taksi Pari, an ké pé atann mwen kontré ka kondùi'y, on fwè an mwen.

> Palé ban mwen ké chofè kè a'y. Pawol a'y kéfè mwen santi lè a jé pasé tan pawòl té ka ranplasé bal dépasé![34]

Aux textes poétiques et en prose, viennent s'ajouter ceux écrits pour la scène. L'avantage du théâtre, c'est qu'il peut dispenser de la lecture du texte, contrairement à la poésie ou au roman. Nous avons le "téat la ri" généralement en créole et dont le répertoire puise dans la tradition orale. A côté de cette forme traditionnelle, de plus en plus d'auteurs écrivent des pièces qui

---

[31] *Pawol an bouch,* respectivement pp. 55-56, 58-59.

[32] Sonny Rupaire, *Cette igname brisée,* pp. 67-71, 95-100.

[33] Roger Vali, "Chofè taksi-la", *Présence Africaine,* pp. 327-335.

[34] *Présence Africaine,* p. 331. Version française de l'auteur: "Mais maintenant je savais que, quand je hélerais un taxi à Paris, je pourrais trouver un de mes compatriotes au volant. Me parler lui réchauffait le cœur. Ses paroles me feraient sentir que jouer n'est plus de mise, que désormais le temps où les paroles remplaçaient les balles est révolu." p. 335.

sont effectivement jouées et dont les textes très souvent ne sont pas officiellement publiés, ou alors beaucoup plus tard. Depuis ces dernières décennies, au Centre des Arts de Pointe-à-Pitre et à l'Artchipel à Basse-Terre, de nombreuses pièces d'auteurs guadeloupéens et antillais ont été montées. Il y a d'autre part de nombreux festivals en Guadeloupe même et aussi le Festival de Fort-de-France, grand lieu de rencontre théâtrale, où se produisent aussi les troupes guadeloupéennes.

Nous pouvons d'ores et déjà remarquer que cette littérature en créole est faite d'œuvres formatrices. L'utilisation du créole surtout quand il n'existe pas de traductions ou d'adaptations en français, représente bien une barrière, une frontière qui fait de ces textes des messages pour initiés. Mais surtout il sont destinés à la population créolophone, d'autant plus que les sujets abordés touchent la plupart du temps à la vie culturelle, sociale et politique de l'île.

C'est ainsi que le créole est devenu, ou redevenu, une langue marronne, une langue de résistance en même temps qu'il est de plus en plus utilisé pour traduire la réalité linguistique et politique guadeloupéenne. Dans certaines pièces jouées en Guadeloupe aussi bien qu'en France, les personnages s'expriment en créole ou en français, suivant la langue qu'ils parlent dans leur quotidien. Il faut dire aussi que cette pratique de la langue créole s'était propagée aussi en métropole surtout dans les milieux estudiantins où il était devenu la langue du réenracinement dans la culture antillaise migrante. Il en était de même dans les familles vivant en métropole, où c'était la langue de la nostalgie du pays et "les mots créoles" prononcés par les enfants n'avaient plus pour conséquence les punitions infligées comme lorsqu'on était au pays. D'autre part, cette littérature et ses représentations scéniques en créole ne manquent pas de consolider non seulement les liens de la Diaspora créolophone, mais aussi ceux inter-caraïbes. En effet ces pièces établissent une esthétique proprement antillaise grâce non seulement à la communauté de la langue créole mais aussi à celle d'un imaginaire créole véhiculé par les images et proverbes hérités de la tradition. Nous pouvons dire que la littérature créole écrite complète celle des contes, devinettes et chansons. Destinée aux autochtones et aux créolophones, elle représente une littérature plus populaire ou qui cherche à l'être dans une grande mesure, tout en étant dans sa forme orale plus facile d'accès.

Chapitre IX
Littérature métissée

> *Il faudrait à mes lèvres épaisses/ des*
> *vocables plus lourds des verbes denses/ durs*
> *comme les galets de nos lézardes/ des*
> *adjectifs vénéneux et foudroyants/ fleurs de*
> *sang fleurs de soufre/ à bleuir le cratère de*
> *ma bouche.*
>
> Guy Tirolien

Dans la plupart des œuvres de cette étude, on retrouve les genres traditionnels, à savoir: roman, nouvelle, poème, pièce. Cependant, il s'avère souvent difficile d'en enfermer certains à l'intérieur de ces genres littéraires. Cette difficulté correspond à la nature polyphonique de la société guadeloupéenne qui confert à ces œuvres leur caractère protéen. La richesse qui en résulte vient de leur contact intime avec la tradition orale et la tradition littéraire française écrite parmi d'autres. A la lecture de ces œuvres, on perçoit alors le travail profond de l'inconscient et de la mémoire fait à partir des données de la tradition orale comme des données historiques.

Dans ce travail d'écriture auquel se livrent les nouvelles générations, les rapports avec la littérature et les langues sont de plus en plus fréquemment considérés: "Ecrire n'est ni un salut ni un jeu gratuit: c'est un jeu salutaire. Il nous faut pirater l'histoire et l'écriture, accrocher nos grappins à leur culture sur nos trois continents,"[1] écrit Antoine l'un des personnages de *L'Isolé soleil*. En effet, continue-t-il, "C'est le public qu'on vise qui doit déterminer la langue qu'on choisit! Le créole, que je sache, c'est fait pour nous, les Antillais, c'est notre complicité, notre solidarité, c'est nous-mêmes nous-mêmes."[2] Comme l'écrivait Fanon, parler une langue c'est adopter un monde, une culture et selon nous, c'est en cela que la reconnaissance, la revendication et la réappropriation conscientes du créole (quelle que soit la façon dont les écrivains et écrivaines l'intègrent ou l'adaptent à leurs œuvres) ont façonné et façonnent encore l'esthétique littéraire guadeloupéenne contemporaine dans sa texture et sa rythmique.

Donc parallèlement à la littérature écrite en français et à celle écrite en créole, nous distinguons une littérature en langue "métissée" dont les caractéristiques sont celles de la culture locale. Nous pensons tout particulièrement aux textes de Max Jeanne, Daniel Maximin et Simone Schwarz-Bart et certains textes de Maryse Condé, qui au delà de l'écriture française, possèdent une esthétique caraïbéenne qui témoigne bien de la situation linguistique guadeloupéenne actuelle. Ainsi à la lecture d'œuvres telles que *Western, La Chasse au racoon, L'Isolé soleil, Soufrières, L'Ile et une nuit, Pluie et vent sur Télumée-Miracle, Ti-Jean L'Horizon, Ton beau capitaine,* ou *Traversée de la mangrove,* le lecteur ou la lectrice antillaise et créolophone, se sent à l'aise dans le style et la forme de ces œuvres difficiles à enfermer dans les catégories que nous connaissons, et cela en dépit de la mention de roman ou récit qui s'y trouve inscrite.

---

[1]   *L'Isolé soleil,* p. 302.
[2]   *L'Isolé soleil,* p. 245.

Ce sont en effet tous des textes mixtes à plusieurs niveaux. Mixtes d'abord par leur contenu qui tient non seulement de l'histoire du pays mais aussi de ses mythes, de ses réalités. Mixtes par leur genre même qui, pour certains, relève non seulement du roman, mais aussi du poème, de la pièce de théâtre, du conte antillais et philosophique, de la fable, de l'épopée, de l'allégorie, de la musique et de la chanson. Mixtes par le style, la forme qui se veut à la fois prose, poésie, cri, murmure, chant. Mixtes, enfin et surtout, par la langue qui tient et du français et du créole. Dans *Le Discours antillais*, Edouard Glissant parle à juste titre d'un langage du roman "américain" qui serait fait "d'une liaison très tourmentée entre écriture et oralité (...) une synthèse de la syntaxe écrite et de la rythmique parlée, de l'*acquis* et du *réflexe* oral, de la solitude d'écriture et de la participation au chanter commun."[3] C'est cette synthèse, ce métissage qui est particulièrement sensible dans les œuvres que nous avons mentionnées. "Comment faire cohabiter poésie et histoire?" C'est la question d'Antoine à Marie-Gabriel à la fin de *L'Isolé soleil,* où il note la difficulté à créer unité et harmonie lorsqu'on met en scène les sentiments des personnages et la description des faits historiques, même si des ponts relient leurs différences de ton et de langue.[4]

C'est au carrefour-même de ce désir d'harmonie que nous situons, par exemple, l'écriture métissée de *L'Isolée soleil,* construit principalement sur une trame musicale enfouie dans une oralité où l'on retrouve non seulement l'héritage oral local sous toutes ses formes, mais aussi la musique en tant que communauté universelle qui sous-tend les relations et les histoires des personnages: Delgrès, Adrien, Marie-Gabriel, Antoine, Louis-Gabriel, Siméa, Angéla, Toussaint, Harlémicains, Cubains et tous les autres ne respirent, ne se meuvent et n'agissent que dans un univers baigné de musique sous une

---

[3] *Le Discours antillais.* p. 256.
[4] *L'Isolé soleil,* p. 301

forme ou une autre: locale, jazz, chansons et aussi poèmes, etc.
La musique ici reste le réservoir d'identité qu'elle a toujours été
aux Antilles. Ces textes musicaux s'allient aux autres énoncés
littéraires, tels que les contes, comptines, proverbes et forment
l'intertextualité qui les caractérise. Mais cette intertextualité va
plus loin et représente les clins d'œil adressés aux héros et
héroïnes de l'histoire guadeloupéenne, aux premières voix
noires de la poésie, du roman et du théâtre, aux voix sud-
américaines ou encore aux voix poétiques françaises
métropolitaines. Ces clins d'œil fonctionnent comme des
connections ou rappels historiques et établissent des liens avec la
situation contemporaine. Ce métissage est bien le miroir de la
réalité en ce qu'il renvoie lecteurs et lectrices à l'histoire-même
des cultures et civilisations qui constituent la Guadeloupe
d'aujourd'hui. Que ce soient les pérégrinations identitaires de
Ti-Jean ou les cahiers d'écritures, cahiers d'exils et journaux
intimes des protagonistes de *L'Isolé soleil,* c'est avant tout
l'histoire guadeloupéenne qui est racontée, à travers la musique,
le paysage, les luttes politiques et humaines du peuple. De même
Traversée de la mangrove s'inscrit aussi dans ce
questionnement sur l'histoire, les identités et le devenir de l'île
dans la conjoncture actuelle, littéraire, économique, sociale et
politique. En effet l'itinéraire et la destinée de Sancher c'est aussi
une représentation des Antillais de la Diaspora, des exilés, tout
comme la communauté qui le veille, le critique, le chante et se
souvient de lui, représente elle aussi la vie quotidienne dans la
Guadeloupe profonde d'aujourd'hui.

L'histoire de l'île a été écrite pendant trop longtemps avec
"l'encre [à] couleur de sang noir", selon l'expression de Jonathan
dans *L'Isolé soleil,* ce sang des ancêtres déportées d'Afrique, et
chez qui Ti-Jean se doit de retourner pour "rété kouté, kouté
pou tann, tann pou konprann" la clef de l'histoire de la
Guadeloupe, la clef aussi de sa propre identité.[5] Encre/Sang noir

---

[5]   Autre expression rituelle qui peut aussi introduire une séance de contes,
et qui signifie: reste pour écouter, écoute pour entendre, entend pour
comprendre.

pour Jonathan, encre/sang rouge pour Siméa qui les transformera, elle, en acte de création littéraire pour justement écrire l'histoire pour sa fille rêvée.

En quoi donc ces œuvres sont-elles innovatrices? D'abord par leur inclusion de l'histoire et par le métissage culturel guadeloupéen, mais aussi par leur langue et leur structure où bien des éléments de l'oralité créole se trouvent poétiquement tissés. La poésie, c'est bien elle qui coule tout au long de l'œuvre de Simone Schwarz-Bart qui respire la tradition orale qui y transparaît avec finesse et force pour transmettre un message d'espoir, de renaissance mais surtout de résistance, à la manière des Delgrès, Ignace et Solitude d'antan. Prenons pour exemple la façon dont les proverbes sont harmonieusement et minutieusement incrustés dans le discours des personnages, dans le tissu même de leur quotidien, comme dans ce passage de *Ti-Jean* où le proverbe est enchâssé dans l'énoncé:

> Une deuxième période de mille ans s'ecoula: bon. L'une derrière l'autre, les générations faisaient leur soleil, des deux côtés de la Séétané. *Mais toutes les calebasses finissent par se briser, elles vont à la rivière et se brisent,* et c'est ce qui advint peu après l'arrivée d'hommes blancs sur la côte: voyez-moi, ça ...[6]

Ici la calebasse, ustensile très commun, qui se compose de deux parties, une fois brisée (ouverte) symbolise les générations comme les groupes ethniques différents tandis que l'eau de la rivière représente le temps. Le proverbe n'est pas mis en relief et il faut vraiment le connaître pour le remarquer dans le cadre de cet énoncé. Un autre procédé assez similaire consiste à intégrer le proverbe créole, traduit on non, dans le texte: "Mais quand l'aube se leva sur le cercueil de l'ange Médard, *bal fini, violon en sac,* les gens se présentèrent devant moi et (...)"[7] Comme le dit Jean Bernabé, nous avons affaire à un "montage dont la langue française constitue l'opérateur." Il montre également comment

---

[6] *Ti-Jean l'Horizon*, p. 140. C'est moi qui souligne.

[7] *Pluie et vent sur Télumée-Miracle*, p. 239.

l'inscription, la manipulation et la déconstruction de la narrativité et de la proverbialité créoles, de l'ethnomusique et de la chanson créoles, de même que la présence ou l'absence du créole contribuent à façonner cette écriture. Elle "a vocation" de lire et donner à lire le réel antillais jusque et y compris dans l'usage grammatical fait de la langue française.[8] Ces remarques sont aussi valables pour les devinettes qui émaillent le discours de ces textes métissés, comme dans le poème "Désirades":

> Dans le ventre de la mer il faisait trop beau pour y voir:
> la soif d'air pur assimiler la cause du pain quotidien
> l'écharde des poèmes-bambous rougir le masque des doudous
> l'oiseau-rebelle voler jusqu'aux racines de nos trois continents
> pour exiger sur l'île le conte de ses plumes dispersées
> et la mer initier ses filles au camouflage des moissons
> poussières de sucre sur nos misères salées.
> d'leau pendue: cocos résignés d'leau debout: cannes révoltées.[9]

où les devinettes en point d'orgue et affirmatives ici, rendent compte de la misère et la violence du paysage. Les cannes à sucre verticales et fortes, deviennent les travailleurs et travailleuses qui se révoltent et qui s'opposent ici aux noix de cocos véritables êtres pendus à l'arbre et qui ont décidé d'abandonner la lutte. Il en est de même des onze proverbes créoles du "Cahier de Jonathan" qui reviennent comme un leitmotiv et servent à illustrer et ponctuer les différents épisodes de la lutte contre Bonaparte, contre le rétablissement de l'esclavage jusqu'au sacrifice final de Delgrès au Matouba.[10] "Charbon n'est pas farine, farine n'est pas charbon" symbolise la trahison de Pélage qui s'est mis au service du Général Richepance. De même: "Accroche toujours ton sabre là où ta main pourra l'atteindre," "Les yeux sont sans balisage, les oreilles sont sans couverture," "Voyage vers le village où tu n'as pas ta maison, mais voyage avec ton

---

[8]   Jean Bernarbé, "Le travail de l'écriture chez Simone Schwarz-Bart" dans *Présence Africaine,* pp. 166-179.

[9]   *Présence Africaine,* p. 217.

[10]   *L'Isolé soleil,* pp. 47-59.

toit," "Le chien a quatre pattes mais ne peut pas prendre quatre chemins." Ces proverbes reflètent tous l'état d'esprit et la condition de ceux qui se battaient pour leur liberté: prudence, choix difficiles et cruciaux à faire, hésitation. D'autre part, les différents genres sont tous intimement intégrés dans ce texte multiple: les comptines (Ingoui, Ingoua de *Miss Béa* à Ti-Carole), les chansons (l'appel aux dieux yoruba) les jeux de mots et autres jeux de langue identitaires.[11]

Parmi les textes qui déploient un syncrétisme littéraire ainsi qu'une forte intertextualité, considérons *Western, Ciné-poème guadeloupéen* et *L'Isolé soleil*. Dans ces deux textes de prose et de poésie, nous avons une chronique historique dialoguée et étayée de télescopages, de calembours, d'associations linguistiques et littéraires, de références littéraires diverses mais où chacun de ces procédés ne se veut point gratuit mais est là pour illustrer, qui un épisode important qui un trait de personnalité des personnages. Il en résulte une complexité et un syncrétisme de tons: ironie, satire, amertume, agressivité, parodie, épopée, révolte, traduits par un vocabulaire anti-académique (surtout dans *Western: Ciné-poème),* des analogies, homophonies, calembours, renversements d'idées et autres constructions littéraires et orales. Sous un dehors de fantaisie, et grâce à la distance ainsi obtenue, tous ces procédés traduisent à leur façon et par une conscience imagée et sonore (ces textes devant être non seulement lus, mais aussi entendus) la complexité et la multiplicité de la tâche des écrivains et écrivaines dans la Guadeloupe contemporaine. Avec *L'Isolé soleil,* c'est davantage les influences, transmissions et emprunts venant d'autres littératures (des Antilles, de France, d'Amérique Latine), des musiques diverses (latino-américaine, africaine, antillaise, noire américaine et européenne) qui attestent de la complexité mais aussi de la vitalité de la production littéraire guadeloupéenne.

---

[11] Tel le treizième segment du "Cahier d'écritures" d'Adrien qui se termine sur l'identité: "Je voulais être SOLEIL. J'ai joué avec les mots. J'ai trouvé L'ISOLE." *L'Isolé soleil,* p. 114.

Mais la plupart de ces textes, y compris les autres plus "classiques" que nous avons aussi évoqués, ont en commun une esthétique et symbolique proprement caraïbéennes qui les démarquent de la plupart des textes français métropolitains et que nous allons examiner dans cette dernière partie.

Chapitre X
Symbolique antillaise

Je veux parler aux rythmes qui clament liberté/ Idée bien enrôlée au cœur de ma parole que des mots cadencés font danser sur la feuille en lewoz interdit, bravant le discrédit.

Lucie Julia

Une caractéristique frappante de la plupart des textes de ce corpus est donc cette symbolique guadeloupéenne particulièrement si on la compare à la symbolique française. Sa manifestation la plus flagrante est celle basée sur les éléments naturels: île à volcan actif, à tremblements de terre, à raz-de-marée, à cyclones entre autres. L'île est constamment visitée par ces mouvances naturelles, cycliques et violentes qui rythment le cours de la vie locale. Nul étonnement donc à ce que nous retrouvions ces mêmes éléments investis de sens métaphysiques, philosophiques et historiques.

La nature est très souvent un personnage à part entière, une véritable *persona*. Quand elle est évoquée, nommée, appelée ce n'est presque jamais par souci d'exotisme car les échanges entre nature et populations n'ont pas toujours été et ne sont pas toujours des plus paisibles. Ile paradisiaque, mais tout dépend du point de vue et de la personne concernée. C'est ainsi que chez la plupart des écrivains, il existe une relation interne avec la nature, qu'ils vivent dans l'île ou ailleurs. Lisons ce qu'écrit dans son cahier, le personnage d'Adrien dans *L'Isolé soleil*:

> Je sens mon corps plus vaste que l'horizon de l'île. J'admire la mer et le soleil qui caressent mon île tout en restant au loin. J'ai condensé leur fraîcheur et leur tiédeur sur ma peau, dans mon coeur et dans mes yeux. Le cœur c'est le volcan, les yeux sont le soleil, la peau douce est la mer. Soufre, Sel et Source: les trois "S" de mon désir.[1]

Cette relation interne et vécue de l'intérieur qui existe entre la nature et les êtres se reflète dans les diverses descriptions, négatives comme positives, qu'en font les écrivains. La nature n'est jamais une fin en soi. Elle est trop intimement liée à la situation antillaise et aussi à la situation coloniale avec laquelle elle ne manque pas de faire contraste: luxuriance, beauté, d'un côté, exploitation, souffrance de l'autre.

Ainsi, quel que soit l'élément considéré dans cette nature, il aura toujours paradoxalement deux faces, tout comme le tambour à "dé bonda", tout comme l'île elle-même qui en dépit de sa petitesse, est grande et possède une extrême diversité de paysages. Pour cela nous n'avons qu'à observer par exemple, les côtes atlantique et caraïbe si différentes, la Basse-Terre, élevée où réside le volcan et la Grande-Terre, partie plate de l'île, deux régions qui jouissent d'une forte diversité climatique. D'où cet éternel paradoxe, cette ambiguïté constante et la nécessité d'appréhender ces images, ces métaphores et concepts d'un point de vue guadeloupéen, à l'intérieur même des cultures antillaises, au lieu de recourir systématiquement au symbolisme occidental traditionnel pour les interpréter. C'est ainsi que le soleil devient un monstre dans "Marie-Galante," lorsque Tirolien décrit l'esclavage: "Et dès le pur matin sifflait le vol des fouets, et

---

[1]   *L'Isolé soleil*, p. 103.

le soleil buvait la sueur de mon sang."[2] La mer, elle aussi, est tantôt violente, tantôt douce, tout comme les deux côtes de la Guadeloupe, celle "au vent" et celle "sous le vent". De même pour le volcan dont l'humeur varie et "où chaque éruption signe au Matouba la renaissance des phénix du marronnage sur le soufre des esclaves abolis."[3] Le volcan et le Matouba, c'est donc Delgrès et la naissance dans la mort de la future Liberté de 1848, c'est le lieu protecteur pour ceux et celles qui s'y sont sacrifiées. Toutefois, cette même région, c'est aussi pour les Guadeloupéens et Guadeloupéennes la mort non pas désirée, mais celle assassine d'un Paul Niger, du député Justin Catayé et de tous les autres qui se trouvaient dans le Boeing "Chateau de Chantilly" qui explosa ce 22 juin 1962 sur les hauteurs de la commune de Deshaies. Le volcan est lui-même devenu héros, c'est pourquoi Wademba dans *Ti-jean l'Horizon* parle de "la grande lumière du Matouba",[4] le feu et comme le dit *Miss Béa* dans *L'Isolé soleil*:

> Les Nègres dans cette île sont les enfants de la terre et de l'eau. Mais ils ne sont pas les enfants du feu car le feu leur a été confisqué par leurs maîtres. Les Nègres de toutes les petites Guinées connaîtront le bonheur lorsqu'ils seront devenus les enfants de leurs trois parents: la terre, l'eau et le feu.[5]

La Soufrière c'est aussi une "vieille femme" pour Guy Tirolien et pour Daniel Maximin, elle est "sereine comme une vieille Da fumeuse de pipe, [et] assiste au coucher du soleil, sans s'inquiéter du rougeoiement subit de ses fumerolles."[6] Quant au morne, il sert de lien et est refuge des Marrons, lieu de liberté, petite Guinée, à la fois si près du soleil et du volcan. La forêt tropicale, région montagneuse et boisée de la Basse-Terre-Soufrière et le Matouba-Delgrès sont tous de puissants leitmotive.

---

[2]   *Balles d'or*, p. 5.

[3]   *Présence Africaine*, p. 219.

[4]   *Ti-Jean l'Horizon*, p. 59.

[5]   *L'Isolé soleil*, pp. 60-61.

[6]   *L'Isolé soleil*, p. 204.

Tous ces lieux historiques en hauteur sont symboles de havre de paix, d'espoir, de luttes et de liberté:

> Nous sommes un peuple vert
> parsemé de volcans (...)
> nous sommes un peuple qui gronde
>   hurle
>   crache
>   s'exclame (...)
>   lentement
> un cri monte dans nos gorges (...)
> ce cri-là mes amis
> quelle chaudière, quelles oreilles
>   empesées
> quelle assemblée de décatis
> résistera à son éclatement?[7]

Ou encore cette assimilation du peuple lui-même au volcan:

> Presque tous les romanciers considèrent les Antillais comme des enfants à l'heure de prendre sommeil dans le souvenir des contes et des enfances. Mais les Antillais sont des volcans endormis qu'il nous faut réveiller avec des histoires de zombies, de macaques, de bambous, de rhum sec, de musique et de coutelas.[8]

Ces lieux sont aussi ceux de certaines légendes de la tradition orale. Ils symbolisent dans l'histoire des Marrons, la survivance en tant que lieux pourvoyeurs de plantes médicinales encore utilisées aujourd'hui et de plantes potagères.

A ces hauts lieux du paysage s'opposent la savane, le bourg, la ville, considérés quelquefois comme lieux de trahison, d'illusion, de misère, d'aliénation. Ainsi dans *Ti-Jean l'Horizon,* il y a "les Gens d'En haut et les gens d'En bas." Ceux d'En haut sont les "solitaires, les révoltés, les farouches, les enragés de ténèbres" mais qui:

> s'estimant supérieurs à tout *l'*univers, car descendaient en droite ligne des esclaves qui s'étaient révoltés autrefois, avaient vécu et

---

[7]   Gerty Dambury, *Présence Africaine,* p. 208.

[8]   *L'Isolé soleil,* pp. 23-24.

étaient morts les armes à la main, bien souvent sur les lieux mêmes où s'élevaient aujourd'hui leurs cases délabrées.[9]

Une hargne s'était établie entre ces deux mondes qui le plus souvent s'évitaient. Routes, ponts, sentiers, presque toujours étroits, relient ces deux lieux si différents et si difficiles d'accès. Quelquefois il faut franchir une pièce d'eau. Ainsi l'élément liquide, nous allons le voir, va lui aussi tenir une grande place dans cette symbolique. Dans la plupart des cas cependant, vents, cyclones et volcan représentent le déchaînement des forces, la violence, le combat et le besoin de solidarité des populations contre ces mêmes forces naturelles ainsi libérées.

Dans un cas le vent dévastateur, dans l'autre la mer dévastatrice:

> Le vent investit clou par clou les cases barricadées, le vent rase en tondeuse cannaies et bananeraies, le vent sectionne d'une feuille de tôle le corps des arbres dont les racines ont résisté.

> Et la mer vient rajouter son sel, lécher les vitrines des boulevards, vider le capital des entrepôts et déposer au cimetière les restes des canots résignés: le Si Dieu Veut, le Quand Bien Même, le Malgré Tout.[10]

Images encore plus frappantes par leur réalisme et leur violence pour quiconque a vécu ces cataclysmes.[11]

L'île-cosmos avec ses paysages, ses cataclysmes est bien l'inspiratrice, d'où les symboles et images qui surgissent pour la caractériser. Ce paysage investi d'une nouvelle perception physique et philosophique ainsi que d'une nouvelle dimension et conscience, est le dépositaire des différentes couches d'histoire des populations et, parce qu'il fut le témoin constant des luttes comme des blessures subies, de nombreuses associations s'y sont

---

[9]   *Ti-Jean l'Horizon*, p. 14.

[10] *Présence Africaine*, p. 219.

[11] En septembre 1996 et en pleine période de cyclones, deux romans paraissaient *L'Espérance macadam* de Gisèle Pineau et *L'Ile et une nuit* de Daniel Maximin, qui mettent tous deux en scène un cyclone.

construites qui, aujourd'hui encore, revivent dans l'inconscient collectif et celui des écrivains. Désormais le dialogue est ouvert et positif dans l'île, avec l'île, qui si elle a été le lieu originel de la traite et du passé colonial est maintenant vécue comme chez soi, terre conquise par les révoltes et la souffrance, contre l'exploitation.

Images poétiques et symboles sont tous puisés dans l'île. La personnification n'est pas réservée seulement au volcan, mais aussi à l'archipel lui-même, ainsi la Désirade est décrite comme:

> Une mère dont le front caramel pelé brûle de fièvre, une mère qui vient d'accoucher de sa Désirade et la repousse doucement du pied hors de ses eaux tièdes vers l'océan d'Afrique, du même geste de ces mères esclaves qui étouffaient leur fille à la naissance doucement dans un drap mouillé pour qu'elles retrouvent sans toucher terre le chemin de l'Ethiopie.[12]

Autre élément attenant à l'île: la mer, l'océan qui entoure cette île-bateau, est un autre lieu sacré de la perte et de la mémoire collective, de l'esprit de tous ceux et toutes celles qui ont préféré la liberté dans la mort, ou qui furent victimes des violences de la traversée vers l'esclavage. La mer comme symbole-témoin de tant d'événements, de suicides et de morts caraïbes et africaines. La mer c'est aussi le lien avec l'Europe, l'Afrique, l'Asie. C'est un peu cet œil intérieur parallèle qui regarde vers ces différents espaces intérieurs, symboles de la dispersion originelle de ce peuple "bigarré" selon l'expression de Guy Tirolien. La mer c'est aussi le rappel d'une continuité par delà les caprices et souffrances de l'existence. La mer c'est la mémoire bien enfouie et maternelle. La mémoire non remuée mais accumulée depuis des siècles. Aujourd'hui ce sont les Haïtiens et Haïtiennes qui y sont engouffrées, répétitions des morts et mortes de la traite, mais qui essayent de rejoindre les autres Amérique, le Canada, le Québec, les Antilles ou Cuba, forcées d'une façon ou une autre à l'exil.

---

[12]　*Présence Africaine*, p. 29. La Désirade, de même que Marie-Galante, les Saintes, Saint-Barthélémy et Saint-Martin est une des îles au large de l'archipel guadeloupéen.

Autre lieu mémorable, la rivière qui est pour beaucoup source de régénération, qu'on la traverse ou qu'on s'y baigne. Télumée dans *Pluie et vent sur Télumée Miracle* s'y baigne avec son fiancé Elie et en ressort toute revivifiée: bain lustral. De même l'eau du ciel est bienfaisante pour Amboise, qui prend alors conscience de sa volonté, de sa destinée. L'eau représente donc surtout au début une certaine innocence puis très souvent la conscience et le bonheur comme le Bassin Bleu de Télumée ou de Ti-Jean. Toutefois la rivière peut quelquefois annoncer une épreuve négative comme dans le cas de Ti-Jean et de son compagnon en Afrique:

> Après une errance en savane, tous deux s'engagèrent dans le lit d'une rivière morte, en cheminement profond, ombragé, où leur intrusion secoua des hordes et des hordes de volatiles criards. (...) Une mélancolie saisit nostr'homme. (...) Il lui semblait que son cœur était le lit de la rivière, tout rempli de sable, d'herbes fanées et de broussailles.[13]

Ce passage dans la rivière morte préfigure déjà ses aventures, ambiguës mais révélatrices et édifiantes, avec le continent africain.

Les plus humbles éléments de la nature acquièrent dans ces textes une valeur symbolique. L'herbe, par exemple, "c'est la chevelure des héros qui dorment sous la terre." Fleurs, plantes, arbustes et arbres de la flore tropicale, loin d'être des éléments exotiques sont au contraire des images toutes naturelles:

> Moi, j'étais restée figée à l'entrée de la chambre, tel un palmier royal un jour sans vent.(...)

> Des cheveux châtains coupés courts, raides semblables à des palmes de cocotiers .(...)

> Ma tête que je sentais lourde comme une calebasse fraîchement cueillie.(...)

---

[13]   *Ti-Jean*, p. 133.

Je me sentais calme et très lasse, épuisée et vidée telle une calebasse transformée en coui.[14]

Les Nègres libérés souffrent de la hantise d'être à l'image des feuilles de bois-canon, qui sont vertes dessus et blanches dessous.[15]

Il existe par ailleurs une personnification fréquente des animaux et du cadre naturel. Ainsi la description de la commune de Saint-François un dimanche matin:

Saint-François s'éveillait dans le tumulte. Le vent du large chantait sur son front, couvrait le gémissement des ses vieux, emportait et ses pleurs et ses joies (...) Séparé du reste du monde, jeté sur la rive de l'océan, ce havre effacé devant ses plages éclatantes épousait l'orgueil, mais aussi la misère de ses habitants. Jadis, élu par les Caraïbes, bravant plus tard les Anglais, déchiqueté ensuite par les colons, aujourd'hui pétri de béton et de torchis, il hésitait à dompter ses charmes. Un peu troublé dans l'arène grandiose, il ne chantait plus les chansons d'autrefois et n'honorait plus son passé.[16]

Une des formes qui touche et atteint peut-être de la façon la plus immédiate un plus grand public demeure encore celle du réalisme qui tire sujets et thèmes de la vie quotidienne et les évoque de façon quasi photographique. La population locale se retrouve tout simplement et s'identifie rapidement aux personnages et aux récits. Les milieux et les problèmes sociaux les plus divers sont évoqués: visions de l'exploitation, des luttes et révoltes, des crises, en somme, la réalité urbaine ou paysanne, comme celle que nous décrit Ernest Moutoussamy dans *Il Pleure dans mon pays*. Ici, pas d'artifice, mais à travers une simplicité et un naturel presque prosaïque, il n'en demeure pas moins que le texte suscite une forte émotion, comme dans le récit de la mort de Fleur du Jour, la vache de Rama:

Un matin à l'approche de l'homme, elle voulut relever la tête, mais ses forces l'avaient abandonnée, son agonie venait de commencer. (...) De

---

[14] Myriam Warner-Vieyra, *Le Quimboiseur l'avait dit*, respectivement pp. 12, 60, 113, 135.

[15] *L'Isolé*, p. 44.

[16] *Il Pleure dans mon pays*, p. 47.

temps en temps, elle frissonnait sous les caresses de la mort, mais feignait de respirer sans mal pour apaiser Rama. (...) Il se croyait encore protégé et édifiait sur le cadavre des rêves de toujours. (...) Pour toute réponse, par un soupir semblable à celui que pousse le paysan le soir en se débarrassant de son fardeau, elle lui dit brutalement au revoir. L'homme croisa ses deux mains sur sa tête et s'affaissa sur le corps inerte. Ensemble un instant, ils parcoururent le même chemin, mais lui revint sans tarder à son monde stérile.[17]

La personnification de Fleur du Jour, la sobriété de la description renforcent non seulement la misère et le malheur du paysan, mais aussi le sentiment de résignation, tel qu'il est exprimé dans la dernière phrase.

D'autres écrivains et écrivaines adoptent une démarche quelque peu différente, quoique toujours dans la veine réaliste. C'est le cas de Raymonde Ramier dont les *Récits de ma savane* décrivent la réalité paysanne des campagnes. Chaque récit est un moment particulier: août et la sécheresse, septembre et les cyclones, janvier et février et le début du Carnaval, novembre et la Toussaint. Ces récits, présentés comme une série d'impressions, enfermés dans de courtes phrases et de courts paragraphes (quelquefois d'une ou deux lignes), évoquent dans leur ensemble le déroulement de l'événement:

16 septembre: le temps ne s'améliore pas. Maintenant en plein jour il faut allumer la lampe dans les maisons.

La radio, qui diffuse à intervalles des renseignements, affirme que le cyclone est prévu pour le lendemain.

Peu de gens se rendent dans les champs. Le hameau est en émoi.

Réduit semble attendre un hôte de marque. Les préparatifs sont d'importance. Il en est ainsi dans toute l'île.

Nul ne s'avoue vaincu d'avance.

---

[17]   *Il Pleure dans mon pays*, pp. 71-72.

De bonnes initiatives sont prises.[18]

Constamment il y a la voix de l'écrivain mêlée à la voix collective du groupe, de la communauté qu'elle décrit. La réalité campagnarde est aussi décrite par Lucie Julia, comme dans cette évocation des attacheuses dans les champs de cannes:

> La cadence devenait d'enfer vers 9-10 heures. Les coutelas, comme des langues coupantes, semblaient happer les amarres, et des bouquets de feuillage planaient tels de longs cerfs-volants verts avant de s'étaler dans les champs qui se dévidaient petit à petit. Alors les attacheuses, marionnettes tristement accoutrées, les reins fortement ceints de vieux madras, se courbaient face à la terre, leur mère, pour arrimer les tronçons, les compter avant de les attacher; puis se redressant à demi, elles envoyaient les paquets comme à la voltige sur les piles réservées à chacune. Elles recommençaient et continuaient ainsi, pendant des heures interminables, sous le chaud soleil.[19]

L'auteur donne ici une vision de l'exploitation et de l'inhumanité des conditions de travail. Plus loin c'est la vision des luttes et révoltes des coupeurs de cannes en grève, dans un cadre régionaliste et populiste. Chez Lucie Julia il n'y a point de traduction du créole en français et surtout ses personnages s'expriment comme dans leur vie réelle, d'où l'utilisation du créole et d'expressions propres au parler local.

A ce réalisme social vient se mêler ce que Jacques-Stephen Alexis appelle le réalisme merveilleux dans la littérature haïtienne et qui s'applique également ici, à savoir:

> l'imagerie dans laquelle un peuple enveloppe son expérience, reflète sa conception du monde et de la vie, sa foi, son espérance, sa confiance en l'homme, en une grande justice, et l'explication qu'il trouve aux forces antagonistes du progrès.[20]

---

[18] Raymonde Ramier, *Récits de ma savane*, Paris, La Pensée Universelle, 1983, p. 38.

[19] Lucie Julia, *Les Gens de Bonne Espérance*, Paris, Temps Actuels, 1982, p. 109.

[20] Jacques Stephen Alexis, "Le Réalisme merveilleux," *Présence Africaine*, Juin–Novembre 1956, Nos.8-10, p. 267.

C'est précisément ce qu'on peut observer dans l'extrait cité de Moutoussamy où on assiste à la progression du réalisme au merveilleux par une véritable communion dans la mort de Rama et de Fleur du Jour, élevée maintenant au rang de paysanne comme chez Zola ou l'inanimé devient "bête humaine." Ailleurs nous trouvons l'intégration du merveilleux au réalisme, comme en témoigne Télumée dans le roman de Simone Schwarz-Bart. Après la grève à la mort, puis le retour des travailleurs aux champs de cannes quand ils ont obtenu satisfaction, il y eut de terribles trombes d'eau. Cette disgrâce "venue du ciel qui enveloppa Fond-Zombi, la Roncière, Valbadiane et le Morne la Folie." Les noms eux-mêmes symbolisent ce monde guadeloupéen où le merveilleux, le surnaturel et la réalité quotidienne sont bien souvent enchevêtrés:

> Toutes les nuits on entendait le bruit des rouleaux de chaînes que traînaient les morts, des esclaves assassinés en ces lieux, Fond Zombi, la Roncière, la Folie (...). Et quand la maladie se mit à la bouche des animaux domestiques, les gens hochèrent la tête et se turent, éclairés (...).

> Mes yeux étaient deux miroirs dépolis et qui ne reflétaient plus rien. Mais lorsqu'on m'amena des vaches écumantes, le garrot gonflé de croutes noires, je fis les gestes que m'avait enseigné Man Cia et l'une d'abord, puis l'autre, les bêtes reprirent goût à la vie. Le bruit courut que je savais faire et défaire, que je détenais les secrets et sur un énorme gaspillage de salive, on me hissa malgré moi au rang de dormeuse, de sorcière de première.[21]

Et voilà Télumée devenue celle vers qui tous se tournent pour trouver réconfort, guérison ou autre soulagement, parfois même miracle inespéré, d'où le nom de "Télumée-Miracle" que lui confère la communauté. Ici on rencontre la conception antillaise de la vie et des pratiques ancestrales. Ces contacts constants avec le monde spirituel, avec la nature, sont bien ancrés dans la culture populaire guadeloupéenne et font partie du quotidien,

---

[21]   *Pluie et vent sur Télumée-Miracle*, pp. 225-226.

que l'on en soit conscient ou non, qu'on les rejette ou non. Il n'en
demeure pas moins que les autres, ceux qui vivent autour de
vous, y font constamment référence d'une façon ou d'une autre:

> Très tôt, en fin d'après-midi, les enfants rodaient auprès de la case.
> (...) Mais chacun savait qu'il fallait attendre qu'il fasse bien nuit pour
> dire les contes, autrement Surprise risquait de tourner en une grosse
> bouteille. [22]

Ou encore la coutume de consulter le quimboiseur avant un
événement important, comme le fait la grand-mère de Zétou
avant son départ pour la France dans *Le Quimboiseur ...* de
Myriam Warner-Vieyra:

> Le quimboiseur prit les feuillages, me frotta le corps en disant des
> incantations dans une langue inconnue, celle des dieux d'Afrique
> sans doute. Le père Logbo lui, il savait d'où nous venions, il pouvait
> parler avec les dieux d'Afrique. [23]

Le pouvoir des mots et de la Parole sacrée tient une grande
place dans ces textes. Il peut générer une certaine peur, une
hantise, une angoisse mais aussi le rêve et l'espoir qui se reflètent
d'ailleurs, dans le récit tel qu'il est raconté du point de vue des
personnages. C'est alors que le mythe et le réel ne font plus
qu'un, comme dans *Moi, Tituba sorcière de Salem* ou *Pluie et
vent sur Télumée-Miracle*, au moment des apparitions
surnaturelles. [24] Donc ce qui est appelé réalisme "merveilleux" est
bien souvent en fait la culture populaire où tous trouvent
protection, force, soutien et inspiration spirituelles pour vivre ou
survivre, comme on le voit avec les personnages de Toussine,
Man Cia ou Tituba. C'est donc bien davantage qu'une simple
technique utilisée de façon routinière, tout au contraire. Dans
certains textes, cette culture populaire prend quelquefois la
forme d'une poésie naturelle du langage, sans artifice, laissant

---

[22] *Les Gens de Bonne Espérance,* p. 112.
[23] Myriam Warner-Vieyra, *Le Quimboiseur l'avait dit,* Paris, Présence Africaine, 1982, p. 91.
[24] Sur ce sujet, voir *Moi, Tituba:* pp. 23, 34, *Pluie et vent:* pp. 60, 80, 92, 106, 128, 278 et aussi *Ti-Jean l'Horizon:* p. 37.

tout simplement parler les témoins de l'histoire. Telle la Léonora de Dany Bébel-Gisler chez laquelle on retrouve cette polyphonie de voix (celles de la communauté et celle de Léonora elle-même qui raconte sa vie de paysanne) mêlées à la voix de l'auteur. Ce mélange des langues reflète l'oralité, la spiritualité, la sensibilité et une vérité qui se veut toute simple.

Un autre procédé d'expressions commun aux auteurs guadeloupéens est la re-création de mythes, au sens où l'entend Gilbert Durand.[25] Il est bien entendu que de tout temps, les mythes sont entrés et entrent encore dans une grande mesure dans le corpus écrit ou oral. Nous insistons ici sur ce qui est re-création de mythes refoulés, oblitérés ou presque détruits par les conditions historiques du peuplement. Ces mythes venus d'Afrique, d'Europe et d'Asie sont à considérer avec ceux qui préexistaient (Caraïbes et Arawaks) avant même la conquête européenne. Car "le mythe, le merveilleux peuvent, compris dans un sens matérialiste devenir de puissants leviers pour un art et une littérature réaliste, pour la transformation du monde," par le fait que les mythes après ce processus de réécriture et de nouvelle création, sont les jalons de l'incessant dialogue avec le passé et l'histoire vécue qui continue dans l'espace et dans le temps dans un va et vient qui fait fie de la linéarité et même d'une certaine logique.[26] Ainsi les concepts du temps et de l'espace ont leur propre rythme comme dans la conception du héros Ti-Jean ou encore dans le constant va et vient entre futur, passé et présent dans la conscience des personnages, qui évoluent d'un continent à l'autre ou d'une époque à une autre sans aucune difficulté. Avec cette réécriture et recréation incorporées à l'histoire, c'est le réel qui devient, à son tour, imaginaire et

---

[25]   A savoir: "un système dynamique de symboles, d'archétypes et de schèmes, système dynamique qui, sous l'impulsion d'un schème, tend à se composer en récit", Gilbert Durand, *Les Structures anthropologiques de l'imaginaire*, p. 64.

[26]   Jacques Stephen Alexis, "Lettres à mes amis peintres," cité par Michael Dash dans *Black Images*, Volume 3, No. 1, Toronto, 1974, p. 92.

comme cristallisé dès lors dans cet imaginaire. Ainsi le sacrifice de Delgrès au Matouba, dans *L'Isolé soleil* où, comme dit Louis-Gabriel:

> il faut vraiment respirer ces odeurs de soufre et de chair de la terre, voir éclater les couleurs au pipirite chantant, sentir sous les pieds les grondements d'une vie qui prend tout son temps pour jaillir en éruption, il faut s'ouvrir à tout cela si on veut comprendre comment pour une fois au moins dans nos siècles de soumission!—nous avons pu d'un même geste mourir—mais aussi naître enfin—dans la dignité et pour la dignité.[27]

Nombreuses sont les références historiques et culturelles qui participent à la reconnaissance de héros populaires tel le nègre Marron, qui faisait autrefois figure de croque-mitaine. Aujourd'hui, ce symbolisme, divulgué par les maîtres, a disparu pour ne laisser que celui de liberté et de résistance à toutes sortes d'oppressions modernes. Il en est de même des "gadèdzafès" et des séanciers qui sont eux aussi détenteurs de pratiques et de connaissances ancestrales d'ordre spirituel ou médicinal. Si le cosmos ne peut être apprivoisé, le fait d'être conscient de cet état laisse au moins la possibilité de renverser, de réviser ou de donner une nouvelle force spirituelle aux choses et aux mythes, ce qui se traduit par la quête d'une re-naissance constante et d'un ici compensatoire.

Sous l'esclavage, pour les noirs, cet ailleurs était l'Afrique. C'était le dernier voyage, l'ultime retour. Mais comme cela nous est montré dans *Ti-Jean l'Horizon,* cet ailleurs peut se révéler terre d'ambiguïté dans le cas de l'Afrique comme dans celui de la France. Il ne reste plus au héros qu'à retourner dans sa famille, dans son île, cet ailleurs déjà chanté dans *Le Cahier d'un retour au pays natal* comme nous l'avons déjà noté. Mais lié à ce retour, il y en a un autre, ultime passage rituel et significatif, la mort, et qui prend des connotations fort positives. Nous savons que la mort, accidentelle ou naturelle, était regardée par les esclaves comme le retour à la liberté, à l'Afrique. Autrement dit, le retour d'une certaine façon à l'unité originelle. D'où les

---

[27] *L'Isolé soleil*, p. 205.

suicides et les infanticides à la naissance afin que les enfants échappent à l'esclavage. Ainsi la mort, symbolique ou réelle, est-elle renaissance, régénération, initiation et aussi purification. D'ailleurs aux croyances religieuses africaines se sont mêlées celles des Européens. Dans les systèmes de croyance des Africains le catholicisme s'est lui aussi infiltré et beaucoup de rites tiennent de cette spécificité tel celui des pratiques mortuaires. Et donc le rapport à la mort est fort différent de celui traditionnel français comme on peut le voir décrit dans bien des textes. *Traversée de la mangrove*, de Maryse Condé est en fait entièrement construit sur le principe de la veillée mortuaire et nous arrivons à vraiment connaître le personnage de Sancher à travers sa mort et sa vie évoquée par les vivants. Le vénéré fait partie des rituels mortuaires et a lieu le neuvième jour d'un cycle de prières qui commence deux jours après le décès.[28] C'est l'accompagnement du mort qui est aidé par ses proches et connaissances pour franchir le passage de retour définitif en Guinée, pour éviter par exemple qu'il ne revienne en zombi. Le zombi qui, comme dans la réalité guadeloupéenne, fait partie des personnages de fiction, est pris entre deux réalités, entre deux mondes et il a reflété et reflète encore aujourd'hui la complexité des systèmes de croyance de la société. La mort, c'est aussi le bateau, la barque ou le navire négrier de la traite, ce dernier recelant agressivité, violence et mémoire ancestrale engouffrée dans la mer:

> Quand un navire négrier était surpris par un vaisseau de guerre étranger ayant droit de visite, on attachait tous les esclaves l'un à côté de l'autre à la chaîne de l'ancre que l'on mouillait tranquillement par vingt mètres de fond, comme un millepattes noyé vif, afin qu'il n'y eut plus un seul Nègre à bord. (Garde au souvenir de ton coeur mais pas de tes yeux l'image du navire, *La Brillante* surpris par quatre croiseurs qui noya de la sorte 600 pièces d'Inde à la faveur de la nuit.)[29]

---

[28] Voir aussi dans Odet Maria, *Une enfance antillaise*, p. 33 et pp. 92-93.
[29] *L'Isolé soleil*, p. 71.

Ici la mer est mêlée au navire et représente à la fois temps et conscience. Notons toutefois que le bateau, est également le moyen d'atteindre l'ailleurs, le rêve: la France pour Sapotille et Zétou dans *Sapotille et le serin d'argile*, l'île natale pour Ti-Jean qui quitte l'Afrique en pirogue puis en bateau. Dans ces deux derniers exemples, c'est le retour au présent, à la réalité qui est symbolisé, sans que la mort soit présente.

La mort peut être symbolique ou momentanée et est représentée, comme pour Toussine et Télumée et beaucoup d'autres personnages, par la folie, conséquence de l'aliénation de l'être de son monde psychique, d'un déchirement dû aux séquelles de l'assimilation, du cœur brisé par l'amour. D'une façon générale aussi, elle peut être due à l'état de colonisation et d'impérialisme culturel et donc à des situations relevant véritablement de l'absurde. Cette "petite" mort, comme on désigne quelquefois la folie, est renaissance, régénération et aussi purification tout en représentant un refuge sain, quelquefois même une unité retrouvée, même de façon paradoxale. Car le personnage perd sa capacité d'action dans un monde, où règne l'agressivité. Perdue également est la volonté, la clarté de vision ce qui confère donc à la folie une dimension à la fois positive et négative. En effet, la folie est à considérer dans le contexte colonial caraïbéen et pour beaucoup de personnages de romans, elle se trouve être un exutoire naturel comme dans le cas de Zétou dans *Le Quimboiseur l'avait dit* ou de Juletane dans *Juletane,* où la folie joue un rôle protecteur, à la manière d'une seconde vision, d'un autre monde hors de l'aliénation. L'image du voile se rapproche aussi de celle-ci dans la mesure où elle représente une autre forme d'isolement ou de masque, selon le cas. Ainsi pour évoquer Man Justina, un personnage volontairement oblitéré de l'histoire de l'île, la narratrice dit la façon dont les blancs avaient décidé de "jeter un voile" par dessus elle. Une autre utilisation de cette même image du voile se retrouve dans le cas d'Elie dans *Pluie et vent sur Télumée Miracle,* où c'est le vin qui le "voile" dans un état de semi-délire.

Nous avons parlé du spiritualisme des images de ces textes et de leur force symbolique particulière, mais leurs rythmes de poésie ou de prose ont aussi leur originalité grâce, comme nous l'avons noté, aux nombreux apports de l'oralité. Certains rythmes rappellent ceux du tambour "N'Goka" ou gros Ka avec coupures, césures et pauses propres à sa rythmique africaine. Nous pensons tout particulièrement aux textes métissés et aux poèmes en créole que nous avons cités. A ces rythmes viennent se mêler les apports et influences de la poétique créole greffée sur celle traditionnelle et moderne françaises, ce qui contribue à donner à ces œuvres leur texture antillaise. Nous entendons les rythmes des tambours dans la structure-même de certains romans dont la construction rappelle la polyrythmie et l'harmonie de timbres de l'art tambourinaire. Ainsi dans *Traversée de la mangrove* il y a comme un rythme de basse qui soutient la veillée de Sancher. Dans *L'Isolé soleil* les multiples voix et échanges rappellent le rôle des répondeurs du quadrille antillais et les pérégrinations identitaires de Ti-Jean dans *Ti-Jean L'Horizon*, reprennent les figures des danseurs et danseuses du quadrille qui retrouvent leur place de départ. Dans *Pluie et Vent sur Télumée-Miracle*, nous décelons un véritable tissage des contes et des chansons dans la trame du texte proprement-dit. Ces éléments de la tradition orale jouent le rôle des crics-cracs des séances de contes, dans leur manière de "réveiller" le lecteur (créolophone ou averti), de le faire vraiment participer, car soudainement il lit (et entend aussi) quelque chose de familier qui le transporte alors dans un autre monde.

Toutes ces références à la réalité du quotidien de l'île sont poésie du langage, du paysage, du monde spirituel et du cosmos qui par leur fraîcheur, nouveauté et justesse, transmettent un message différent, qu'il soit de nostalgie, de protection, d'espoir ou de révolte. Elles parlent d'un réel différent, de rêves différents et de quêtes différentes, de blessures différentes, de rapports différents avec la nature et le monde spirituel où elles sont profondément enracinées.

- •
- •
- •
- •
- • **Bwa sèk!**

*Peut-on parler de littérature de voyage quand
il s'agit de retour? Quand la terre elle-même,
l'île, est synonyme d'arrivée? Peut-on parler
de littérature de voyage quand tout le thème
de l'œuvre est centré sur l'exil? Le paysage
est intérieur.*

Daniel Radford

Voyage, retour, île, exil: ces textes parlent bien d'une découverte
pour certains mais surtout d'un retour non seulement dans
l'histoire mais aussi dans le paysage intérieur de la Guadeloupe,
natale ou non. Ils célèbrent tous l'île et ses populations de façons
différentes et reflétées dans la langue, le style ou la forme. En
effet, les Guadeloupéens et Guadeloupéennes ont toujours habité
plusieurs lieux et plusieurs langues et là réside la richesse de leurs
cultures, qui ont survécu à une histoire des plus tragiques, depuis
le génocide des ancêtres amérindiens jusqu'à la situation néo-
coloniale présente. La Guadeloupe revient de loin, de très loin
même. Et si Tirolien a pu écrire autrefois: "je suis une dent mal

chaussée dans l'éclatant dentier des Caraïbes"[1], aujourd'hui cette dent est mieux chaussée et brille chaque jour un peu plus à travers les textes contemporains. Ces derniers jouent le rôle de témoins des nouvelles conditions et contribuent à forger la mémoire commune, à évoquer et faire connaître l'histoire revue et assumée. Il nous semble que l'évocation des grandes figures héroïques peut servir de modèle, être un soutien ou aider à une identification avec ceux et celles dont l'action est désormais perçue de façon réelle, même par le biais du mythe et de la fiction.

Il s'agit ici d'une littérature qui témoigne d'une réalité métissée certes, mais inclusive. Ainsi il n'est pas rare d'y trouver des écrivains et écrivaines qui ne sont pas forcément nées en Guadeloupe mais qui ont plus qu'une affinité avec l'île, sa vie et son histoire, tout comme ses héros venus aussi d'ailleurs.[2] C'est une littérature qui rend compte des révoltes et des refus, et donc de la force et de la conscience du peuple. Elle peut arriver à, tant soit peu, changer l'existence d'autant plus qu'elle tend à devenir de plus en plus populaire dans la mesure où elle est davantage accessible à un public plus large et divers. Il existe un intérêt et une curiosité littéraire pour cette littérature qui reflète les préoccupations prolétariennes, intellectuelles, sociales ou politiques des divers segments de la société guadeloupéenne. Ainsi les textes de Lucie Julia à Maryse Condé et Ernest Moutoussamy ou Max Jeanne, en passant par Daniel Maximin, Guy Tirolien, Simone et André Schwarz-Bart ou Sonny Rupaire, tantôt réalistes, sarcastiques, tantôt poétiques ou révoltés, traduisent la résignation, l'espoir, le désespoir, la révolte ou les rêves.

Ces œuvres ont aussi souvent l'avantage de dialoguer entre elles, mais aussi avec l'histoire officielle coloniale, créant ainsi de nombreuses interrogations, reconsidérations et polémiques

---

[1] Guy Tirolien, *Balles d'or*, p. 37.

[2] Nous pensons à André Schwarz-Bart et Jeanne Hyvrard en particulier.

souvent reprises dans la presse locale antillaise. Les nombreux débats ainsi que les rencontres organisées par les libraires locaux jouent un rôle important dans la diffusion de ces textes, qui s'ils ne sont pas systématiquement lus, font néanmoins la fierté des populations locales. D'ailleurs cet état d'esprit symbolise non seulement une affirmation, mais également une célébration de la lutte entre savoir et pouvoir désormais confrontés. Il y a donc bien lieu de célébrer, car les mères et pères, ou leurs substituts, aimés ou non, de chacun et chacune ont d'une certaine façon été retrouvés. Comme nous le notions plus haut, une prise de conscience du réel après un retour mythique aux origines, véritable purge thérapeutique, peut permettre une réconciliation mûrie et réfléchie que ce soit avec l'Amérique, l'Afrique, l'Asie ou l'Europe. Car là-aussi le rôle de l'histoire de ces quatre continents est redécouvert, assumé, évalué et examiné avec la distance nécessaire à une telle entreprise. Ainsi les interrogations, réflexions, désaccords, reconnaissances, célébrations ou rejets de certaines figures ou concepts de même que leur présence dans les textes des auteurs représentent l'affirmation et la preuve même de leur existence.[3] Toutes sortes de débats historiques et philosophiques ont désormais lieu tels que ceux impliquant Delgrès, Ignace, Pélage, Schœlcher et bien d'autres qui ont pour conséquences aussi la démystification et la démythification de ces figures et concepts au cœur même de la société guadeloupéenne. Débat sur le rôle de l'histoire, soit, mais aussi sur celui des différentes classes sociales ou groupes: ouvriers et ouvrières agricoles, intellectuelles, fonctionnaires, étudiants, artistes. C'est en cela que cette littérature est bien la preuve de la réalité de ces existences et tous ces textes jouent le rôle de médiateurs de mythes de mieux en mieux logés dans la fiction. Ils attestent aussi du caractère mixte, métisse, multiple de la littérature et de son intérêt universel dans la mesure où elle rend

---

[3] Voir par exemple: Delgrès, Légitimus, Toussaint, les pères blancs missionnaires, Napoléon, Richepance, les écrivains békés, Schœlcher, Négritude, assimilation, antillanité, créolité, etc.

compte de l'apport divers des cultures et civilisations de la Guadeloupe.

La littérature guadeloupéenne contemporaine s'inscrit en partie dans un mouvement socio-réaliste, les écrivains et écrivaines se situant généralement à l'intérieur-même des classes évoquées. Il s'agit aussi d'une littérature du peuple avec entre autres Simone Schwarz-Bart, Lucie Julia, Ernest Moutoussamy ou Raymonde Ramier qui mettent en scène la vie et les luttes des petites gens, des coupeurs de cannes, des paysans ou des marchandes.[4] Avant tout cependant, ce qui ressort chez tous les auteurs, c'est un certain espoir révolutionnaire, et la façon dont chacun et chacune, quelle que soit leur origine sociale ou raciale, rend compte de la fierté et de l'histoire des populations guadeloupéennes. La littérature guadeloupéenne en allant au delà des apparences, raconte une authenticité antillaise et s'ouvre par là-même à l'universel. C'est une littérature de promotion des êtres humains et qui est ancrée dans une tradition de nouveautés qui célèbre l'origine multiple de la société guadeloupéenne.

---

[4] Pour comparaisons avec les mouvements littéraires de gauche en métropole, voir J. E. Flower, *Literature and the Left in France: Society, Politics and the Novel since the Late Nineteenth Century*, London, Methuen, 1983.

Bibliographie

Principaux textes d'auteurs

Baghio'o, Jean-Louis, Le Flamboyant à fleurs bleues, Paris, Editions Caribéennes, 1981.

Bébel-Gisler, Dany, Léonora, l'histoire enfouie de la Guadeloupe, Paris, Seghers, 1985.

Césaire, Ina et Joëlle Laurent, Contes de vie et de mort aux Antilles, Paris, Nubia, 1977.

Cléry, Pierre, La Tragédie d'Anacaona, Paris, La Pensée Universelle, 1992.

Condé, Maryse, Dieu nous l'a donné, Paris, J. P. Oswald, 1972.

————, Mort d'Oluwemi d'Ajumako, Paris, J.P. Oswald, 1973.

————, Hérémakhonon, Paris, Laffont, 1976.

————, Une Saison à Rihata, Paris, Laffont, 1981.

————, Pension les Alizés, Paris, Mercure de France, 1988.

————, Moi, Tituba, sorcière... Noire de Salem, Paris, Mercure de France, 1986.

————, La Vie scélérate, Paris Seghers, 1987.

————, Traversée de la mangrove, Paris, Mercure de France, 1989.

Corbin, Henri, La Terre où j'ai mal, Paris, Silex Editions, 1982.

Damas, Léon-Gontran, Pigments-Névralgies, Paris, Présence Africaine, 1972.

De Chambertrand, Gilbert, Cœurs créoles, Pointe-à-Pitre, La Productrice, 1948.

Jardel, Jean-Pierre, Les Proverbes créoles de la Martinique, CERAG, s.d.

Jeanne, Max, Western, ciné-poème Guadeloupéen, Paris, L'Harmattan, 1978.

——, La Chasse au racoon, Paris, Karthala, 1980.

Julia, Lucie, Les Gens de Bonne Espérance, Paris, Temps Actuels, 1982.

——, Mélody des faubourgs, Paris, 1989.

——, Montrésor à Mantidou, Paris, L'harmattan, 1992.

——, Jean-Louis, un nègre pièce d'Inde, Paris, Les Editions de l'Amandier, 1994.

——, Gerty Archimède, Pointe-à-Pitre, Editions Jasor, 1996.

Karukéra Anthologie, Pointe-à-Pitre, Association Guadeloupéenne des Amis de la Poésie, 1983.

Lacrosil, Michèle, Sapotille et le serin d'argile, Paris, Gallimard, 1960.

——, Cajou, Paris, Gallimard, 1961.

——, Demain Jab-Herma, Paris, Gallimard, 1967.

Léonard, Nicolas-Germain, Œuvres, Paris, Editions Campenon, 1798.

Manicom, Jacqueline, Mon Examen de blanc, Paris, 1975.

Maria, Odet, Une Enfance antillaise, Paris, L'harmattan, 1992.

Maximin, Daniel, L'Isolé soleil, Paris, Seuil, 1981.

——, Soufrières, Paris, Seuil, 1987.

——, L'Ile et une nuit, Paris, Seuil, 1995.

Maximin, Fernel, Poèmes, collection privée.

Ménil, René, Légitime Défense, Paris, Editions Jean Michel Place, 1979

Métellus, Jean, Anacaona, Paris, Hatier, 1986.

Morand, Florette, Feu de Brousse, Montréal, Editions du jour, 1967.

Moutoussamy, Ernest, Il Pleure dans mon pays, Fort-de-France, Désormeaux, 1979.

——, Aurore, Paris, L'harmattan, 1987.

Perse, Saint-John, Œuvres complètes, Paris, Gallimard, Collection Pléiade, 1972.

Pineau, Gisèle, L'Espérance macadam, Paris, 1995.

Poullet, Hector, Pawol au bouch/Paroles en l'air, Fort-de-France, Désormeaux, 1982.

Présence Africaine, Nos. 8-10, Paris, Juin–Novembre, 1956.

Présence Africaine, Présence Antillaise, Nos. 121–122, Paris, 1982.

Ramier, Raymonde, Récits de ma savane, Paris, La Pensée Universelle, 1983.

Rupaire, Sonny, Cette igname brisée qu'est ma terre natale, Paris, Editions Parabole, 1971.

Schwarz-Bart, André, La Mulâtresse Solitude, Paris, Seuil, 1972.

Schwarz-Bart, André et Simone, Un Plat de porc aux bananes vertes, Paris, Seuil, 1967.

Schwarz-Bart, Simone, Pluie et vent sur Télumée Miracle, Paris, Seuil, 1972.

————, Ti-Jean l'Horizon, Paris, Seuil, 1979.

————, Ton Beau capitaine, Paris, Seuil, 1987.

Senghor, Léopold Sédar, Anthologie de la poésie nègre et malgache de langue française, Paris, Presses Universitaires de France, 1972.

Tirolien, Guy, Balles d'or, Paris, Présence Africaine, 1961.

————, Feuilles vivantes au matin, Paris, Présence Africaine, 1977.

Warner-Vieyra, Myriam, Le Quimboiseur l'avait dit..., Paris, Présence Africaine, 1980.

————, Juletane, Paris, Présence Africaine, 1982.

————, Femmes échouées, Paris, Présence Africaine, 1988.

Principaux ouvrages consultés

Abénon, Lucien-René, Petite histoire de la Guadeloupe, Paris, L'Harmattan, 1992.

Adélaïde-Merlande, Jacques, Delgrès ou la Guadeloupe en 1802, Paris, Karthala, 1986.

Anduse, Roland, Joseph, Ignace le premier rebelle, Pointe-à-Pitre, Editions Jasor, 1989.

Antoine, Régis, Les Ecrivains français et les Antilles, Paris, Maisonneuve et Larose, 1978.

Bardolph, Jacqueline et alii, Le Temps et l'histoire chez l'écrivain, Paris, L'Harmattan, 1988.

Bébel-Gisler, Dany, La Langue créole force jugulée, Paris, L'Harmattan, 1976.

Bébel-Gisler, Dany et Laënnec Hurbon, Culture et pouvoir dans la Caraïbe, Paris, L'Harmattan, 1975.

Bernabé, Jean, P. Chamoiseau, R. Confiant, Eloge de la créolité, Paris, Gallimard, 1989.

Carnot, Alors ma chère, moi, Carnot par lui-même, avec Marie-Céline Lafontaine, Paris, Editions Caribéennes, 1986.

Cauvin, Jean, Comprendre les proverbes, Issy-les-Moulineaux, Editions St. Paul, 1981.

Césaire, Aimé, Discours sur le colonialisme, Paris, Présence Africaine, 1973.

Cérol, Marie-Josée, Une Introduction au créole guadeloupéen, Pointe-à-Pitre, Editions Jasor, 1991.

Chauleau, Liliane, La Vie quotidienne aux Antilles françaises au temps de Victor Schœlcher, XIX siècle, Paris, Hachette, 1979.

Condé, Maryse, La Poésie antillaise, Paris, Nathan, 1977.

————, Le Roman antillais, Paris, Nathan, 1977.

Corzani, Jack, Edit., Prosateurs des Antilles et de la Guyane française, Fort-de-France, Désormeaux, 1971.

Debbasch, Yves, "Le Marronnage, essai sur la désertion de l'esclave antillais," in L'Année Sociologique, 3è série, 1962, 1963.

Durand, Gilbert, Les Structures anthropologiques de l'imaginaire, Paris, Dunod, 1984.

Jocelyn Gabali, Diadyéé, sd.

Fanon, Frantz, Peau noire, masques blancs, Paris, Seuil, 1952.

————, Les Damnés de la terre, Paris, Maspéro, 1968.

Flower, J. E., Literature and the Left in France: Society, Politics and the Novel since the late Nineteenth Century, London, Methuen, 1983.

Glissant, Edouard, Le Discours Antillais, Paris, Seuil, 1981.

Gusdorf, Georges, Mythe et Métaphysique, Paris, Flammarion, 1984.

Guibault, Jocelyne, G. Averill, E. Benoît, G. Rabess, Zouk, World Music in the West-Indies, Chicago, The University of Chicago Press, 1993.

Hazard, Paul, La Crise de la conscience européenne, Paris, Fayard, 1961.

Johnson, Richard et alii, Making Histories, Minneapolis, 1982.

Lacour, Auguste, Histoire de la Guadeloupe, Tomes I à IV (1635–1830), Basse Terre, Guadeloupe, 1855–1860.

Lara, Oruno, La Guadeloupe dans l'histoire, Paris, L'Harmattan, 1979.

Lauriette, Gérard, Le Créole de la Guadeloupe.

Leiris, Michel, Contacts de civilisations en Martinique et en Guadeloupe, Paris, 1955.

Macherey, Pierre, Pour une théorie de la production littéraire, Paris, 1966.

Martin, Gaston, Histoire de l'esclavage dans les colonies françaises, Paris, Presses Universitaires de France, 1948.

Martineau, A. et L. Ph. May, Trois siècles d'histoire antillaise: Martinique et Guadeloupe de 1635 à nos jours, Paris, Société de l'histoire des colonies françaises et Librairie Leroux, 1935.

Moutoussamy, Ernest, La Guadeloupe et son indianité, Paris, Editions Caribéennes, 1987.

Nietzsche, Friedrich, La Généalogie de la morale, Paris, Gallimard, 1964.

Péytraud, Lucien, L'Esclavage aux Antilles françaises, Pointe-à-Pitre, Désormeaux, 1973.

Prudent, Lambert-Félix, Des Baragouins à la langue antillaise, Paris, Editions Caribéennes, 1980.

Radford, Daniel, Le Maître-Pièce, Paris, Editions du Rocher, 1993.

Ricœur, Paul, Temps et récit, Paris, Seuil, 1983–1985.

Rosello, Mireille, Littérature et identité aux Antilles, Paris, Karthala, 1992.

Saint-Ruf, Germain, L'épopée Delgrès, la Guadeloupe sous la Révolution française, Paris, L'Harmattan, 1988.

Samuel, Raphael, editor, People's History and Socialist Theory, London, 1981.

Schwarz-Bart, Simone, Hommage à la femme noire, Paris, Editions Consulaires, 1988.

Sempaire, Eliane, La Guadeloupe an tan Sorin, 1940–1943, Edouard, Kolodziej, Paris, 1984.

———, La Dissidence an tan Sorin, Pointe-à-Pitre, Editions Jasor, 1989.

Singaravélou, Les Indiens de la Guadeloupe, Bordeaux, Imprimerie Deniaud Frères, 1975.

Steins, Martin, Nehohelicon IV, Amsterdam, J. Benjamins, 1976.

Syndicat Général de l'Education en Guadeloupe, A pa Schœlcher Ki libéré nèg, Pointe-à-Pitre, 1976.

Les Temps modernes, "Antilles," numéro spécial, Avril–Mai, 1983.

Du Tertre, R. P., Histoire générale des Antilles, Fort-de- France, Editions CEP, 1958.

Toumson, Roger, "Les écrivains afro-antillais et la réécriture," Europe, Avril, 1980.

Viatte, Auguste, Histoire littéraire de L'Amérique française des origines à 1950, Paris, Presses Universitaires de France, 1950.

Weïss, Paul, History Written and Lived, Carbondale, 1962.

White, Hayden, Metahistory, Baltimore, 1972.

Revues

Antilla, Fort-de-France, Juillet 1984.

Autrement, Série Mémoires, No. 28, Paris, Janvier 1994.

Autrement, Série Monde, No. 41, Paris, Octobre 1989.

Black Images, Volume 3, No.1, Toronto, 1974,

Bulletins de la Société d'Histoire de la Guadeloupe et de la Martinique.

CARE.

Etudes Créoles, Décembre 1979.

L'Année Sociologique, Paris, Presses Universitaires de France, 1961–1962.

Légitime Défense, Paris, Jean-Michel Place, 1979.

Notre Librairie, No. 73, Paris, Janvier–Mars 1984.

Nouvelle Revue des Antilles, No.2, Fort-de-France, 1988.

La Revue du Monde Noir, Paris, Jean-Michel Place, 1992.

Tropiques, Tomes I et II, Paris, Jean-Michel Place, 1978.

• Index thématique

émancipation, 22
esclavage, 10, 11, 14, 18, 20,
　24-37, 39, 55, 57, 60-63,
　134, 140
Espace Créole, 145
Espérance Macadam, L'
　(Pineau), 81
Etats-Unis, 40

F

Fanon, Franz, 94
femme, la, 14-16, 77-82
　éducation, 78
Femmes échouées (Warner-
　Vieyra), 81
Festival de Fort-de-France, 153
Flamboyant à fleurs bleues
　(Baghio'o), 30
Fortuné, Roger, 144

G

Gabriel, Léona, 139
Gens de Bonne Espérance
　(Julia), 81, 89
"Geste de Ti Jean" (Césaire),
　133
Girard, Joël, 150
Giscard-d'Estaing, Valéry,
　87n.1
Glissant, Edouard, 114, 157
Gobert, Général, 44
grand-mère (figure de la
　mémoire collective), 3, 10,
　14-16
Grande-Terre, 1, 44, 164
Grégoire, Abbé, 87

*Grenouilles du Mont Kimbo,
　Les* (Catayé), 108
Groupe d'Etudes et de
　Recherches en Espace
　Créolophone (GEREC),
　145
Guadeloupe, 1, 3, 24, 39-47,
　51, 57, 59, 61, 68-73
　colonie, 85
　concept de nation, 99-123
　éducation, 78, 91
　nature, 71-73
　volcan, 69-70
Gusdorf, Georges, 101-102
Guyane, 1

H

Haïti, 39
Heremakhonon (Condé), 81,
　106
*Histoire enfouie de la
　Guadeloupe, L'*, 96
Hommage à la femme noire
　(Schwarz-Bart), 80
Hospice, Marlène, 82
Hughes, Victor, 39-40, 44, 57
Hugo, Victor, 144

I

Ignace, Joseph, 18, 20, 22, 38-
　40, 44, 46, 55, 56, 80, 182
ile de Marie-Galante, 1
ile des Saintes, 1
Ile et une nuit (Maximin), 81
"Ile qui bouge, L'" (Tirolien),
　34

FRANCOPHONE CULTURES & LITERATURES

General Editors: Michael G. Paulson & Tamara Alvarez-Detrell

The series on Francophone Cultures and Literatures encompasses studies about the literature, culture, and civilization of the Francophone areas of Africa, Asia, Europe, the Americas, the French-speaking islands in the Caribbean, as well as French Canada. Crosscultural studies between and among these geographic areas are encouraged. The book-length manuscripts may be written in either English or French.

For further information about the Francophone Cultures and Literatures series and for the submission of manuscripts, contact:

Michael G. Paulson
Department of Foreign Languages
Kutztown University
Kutztown, PA 19530
e-mail: paulson@kutztown.edu

Tamara Alvarez-Detrell
Department of Foreign Languages
Allentown College
Center Valley, PA 18034
e-mail: alvarez@faculty_1.allencol.edu